Das
Makrobiotik
-Snackbuch

Anneliese Wollner

DAS MAKROBIOTIK-SNACKBUCH

Mit 150 pikanten Rezepten für kalte und warme Büffets, für festliche Anlässe wie Geburtstagsfeiern, Kinderpartys u. a.

OST-WEST-VERLAG

Deutsche Rechte: OST-WEST-VERLAG, Heidelberg 2003
Einleitung von Fred Wollner, Wiener Neustadt
Fotos: Dietmar Mühl, Wien
Redaktion: Richard Theobald
Satz: Ost-West-Bund, Buchmaschine
Druck: Fuldaer Verlagsagentur, Fulda

ISBN 3-930564-18-1

Inhalt

Vorwort der Verfasserin

Mit diesem Kochbuch machen wir einen kleinen Ausflug in das Schlaraffenland der makrobiotischen Küche.

Auch mit einfachen und naturbelassenen Zutaten lassen sich Gerichte zubereiten, die für unsere Freunde und Gäste vielleicht in schöner Erinnerung bleiben.

Es ist wichtig, daß wir uns für die Zubereitung etwas Zeit nehmen, Phantasie bereithalten und Liebe walten lassen.

Nicht alle Gerichte sind nur für festliche Anlässe gedacht. Viele davon lassen sich in den täglichen makrobiotischen Speiseplan einbauen, um diesen abwechslungsreich und schmackhaft zu gestalten.

Vor allem aber auch, wenn Sie mal ein Fest geben wollen, etwas zu feiern haben oder nur mal Freunden ein nettes Abendessen servieren wollen, greifen Sie zu diesen Rezepten und stellen Sie sich daraus ein Menü zusammen.

Oder Sie wollen einmal nur eine schnelle Mahlzeit zwischendurch zu sich nehmen und kein komplettes Essen zubereiten, dann werden Sie auch dieses oder jenes Rezept dazu finden.

Wichtig ist es trotzdem, daß Ihre tägliche Nahrung einfach und ausgewogen ist. Denn dann können Sie sich unbesorgt von Zeit zu Zeit im richtigen Moment so einen Ausflug ins Schlaraffenland leisten.

An dieser Stelle möchte ich noch meinem Mann besonderen Dank für die liebevolle Unterstützung bei der Verfassung dieses Buches aussprechen, sowie Herrn Dietmar Mühl für seine Mühe und hervorragende Leistung bei der Herstellung der Fotos.

Anneliese Wollner

Wenn Du auch zehntausend Felder hast,
kannst Du nur ein Maß Reis am Tage essen.
Wenn auch Dein Haus tausend Zimmer enthält,
kannst Du nur acht Fuß Raum brauchen bei Nacht.

Chinesische Weisheit

Einleitung von Fred Wollner

Was verstehen wir eigentlich unter Snacks?

Im wörtlichen Sinne der Makrobiotik (= Großes Leben) haben wir diesen Begriff etwas weiter ausgelegt als man ihn vielleicht sonst versteht.

Snacks sind für uns mehr als nur ein schneller Imbiss, den man sich fertig kauft und zwischendurch mal zu sich nimmt. Ein "makrobiotischer Snack" ist vielmehr eine pikante, frische und originelle Kleinigkeit, die unser Alltagsleben etwas abwechslungsreicher gestalten kann.

Dafür gibt es verschiedene Anwendungsbereiche. So wenn ich einmal Gäste einlade und ein leckeres Menü anbieten will. Oder wenn ich mal eine Party oder ein Büffet arrangiere und die Tische sich mit "Gustostückchen" füllen sollen.

Am wichtigsten aber ist es, Snacks für unser eigenes Leben anzuwenden und zu studieren. Damit ist nicht gesagt, daß man sich ausschließlich oder hauptsächlich von pikanten Kleinigkeiten ernähren soll.

- Nein ! - Denn wenn wir eine einfache und bescheidene Lebensweise nicht zu schätzen wissen, wie sollen wir dann den Wert von Festen, Feiertagen oder kleinen Freuden erleben können ?

Wie verwendet man Snacks im täglichen Leben ?

Darauf kann man keine allgemein gültige Antwort geben. Snacks sind immer etwas ausgefallener als die alltägliche Küche. Aber in bestimmten Situationen kann mit diesen Spezialitäten eine Balance herbeigeführt werden. Aus verschiedenen Gründen entstandene Spannungen können sich dadurch oft legen. So kann eine scharfe Suppe oder Sauce vielleicht "angestaute Emotionen" in uns verbrennen.

Frische Salate oder klare Suppen vermögen uns oft zu erleichtern, wenn wir eine Enge oder Schwere durch verschiedene Belastungen erleben.

Dies sind nur Denkanstöße, welche Bedeutung Snacks haben können. Ohne die eigene Kreativität und Freude des Lesers bleiben diese Rezepte jedoch nur eine Ansammlung von Seiten ohne Leben. Genauso wie man nicht sagen kann, welche Gerichte öfter oder seltener verwendet werden sollen. Denn dies muß jeder selbst entscheiden, je nach erlebter Wirkung oder angepaßt an die momentane Situation und Konstitution.

In den Rezepten werden hauptsächlich die gebräuchlichsten Spezialitäten der Makrobiotik wie Seitan, Tofu, Tempeh und Meeresgemüse benutzt.

Einige Male kommen jedoch Zutaten zur Anwendung, die eben nicht auf dem täglichen Speiseplan stehen sollten. So zum Beispiel Pflanzenmargarine, Süßkartoffeln, Chili, Senf, Zitronensaft. Bei der Zubereitung der Nahrung kommt es aber nicht nur auf Qualität sondern auch auf die Quantität und Häufigkeit an, in der wir sie genießen. Bei fritierten Speisen wird öfters die Verwendung von frisch geriebenem weißen Rettich vorgeschlagen. Diesen serviert man dazu, um den Fettabbau im Körper zu erleichtern.

Bei vielen Rezepten ergibt sich ganz von selbst eine für unsere Gesundheit förderliche Wirkung, da einfach die makrobiotischen Grundnahrungsmittel mit zur Anwendung kommen.

Daß wir nach Möglichkeit alle Zutaten aus biologischem Anbau auswählen sollten, versteht sich von selbst und ist für die Gesundheit unserer Erde ein kleiner aber nicht unwesentlicher Beitrag.

Dieses Buch ist allen Freunden des Lebens gewidmet, die ein einfaches, aber abwechslungsreiches Essen schätzen und denen die Ernährung ein Schlüssel zu einem harmonischen und glücklichen Leben ist.

Unseren Dank sprechen wir hier noch an Zeane und MayLi Lao Shin aus, die uns als unendlich geduldige Führer durch unser Leben immer zur Seite stehen.

Fred Wollner

Maße und Abkürzungen

1 Tasse = 1/4 Liter
TL = Teelöffel
EL = Eßlöffel
l = 1 Liter
gr = Gramm
kg = Kilogramm

Falls nicht anders angegeben, beziehen sich die Mengenangaben auf 4 Personen.

A) SALATE UND PICKEL

Französischer Salat

1 Süßkartoffel
2 Karotten
1 Tasse frische Erbsen
3 Essiggurken
1 Tasse Tofunaise (Rezept S. 45)
etwas schwarzer Sesam, etwas Meersalz

Die Süßkartoffel schälen und in Würfel schneiden. Auch die Karotten in Würfel schneiden. Kartoffel, Karotten und Erbsen in wenig Salzwasser weichdünsten.
Mit den gehackten Essiggurken und der Tofunaise vermengen. Mit schwarzem Sesam bestreuen und frischen Salatblättern garnieren.

Warmer Krautsalat

1 Weißkohl
2 Stück Seitan (Weizenfleisch)
etwas Meersalz
1 TL Kümmel
etwas Vollreisessig
etwas Mirin
etwas Tamari
Sonnenblumenöl zum Fritieren

Den Weißkohl waschen und in feine Streifen schneiden. In kochendem Salzwasser kurz kochen, so daß er noch knackig bleibt.
Inzwischen den Seitan in Würfel schneiden und in heißem Sonnen-

blumenöl fritieren. Unter den Weißkohl mischen, ebenso den Kümmel dazugeben. Mit dem Vollreisessig, Tamari, Mirin und etwas Wasser eine Marinade mischen und über den Salat gießen. Gut durchmischen und 1 Stunde ziehen lassen.

Linsensalat

250 gr braune Linsen
1 Stück Kombualge
1 Zwiebel
etwas Umeboshi-Essig
etwas Vollreisessig
1 EL Olivenöl
feingehackter Schnittlauch

Die Linsen waschen und mit der Kombualge 25 Minuten in 1/2 l Wasser kochen. Danach die Kombualge in feine Streifen schneiden und mit den feingehackten Zwiebeln zu den Linsen geben. Eine Marinade aus Vollreisessig, Umeboshiessig, Olivenöl und Wasser anrühren und unter die Linsen mischen. Mit Schnittlauch garnieren.

Griechischer Bauernsalat

250 gr Tofu
2 EL schwarze Oliven
1 Salatgurke
1 roter, 1 grüner Paprika
etwas Meersalz
3 EL Umeboshiessig, 3 EL Vollreisessig
5 EL Wasser

Die Paprikaschoten waschen, entkernen und in Würfel schneiden.

Ebenso die Salatgurke und den Tofu in Würfel schneiden. Zusammen mit den Oliven in eine Schüssel geben und mit der Marinade aus Wasser, Olivenöl, Umeboshi-Essig, Vollreisessig und Meersalz vermischen. Kühl stellen und eine Stunde ziehen lassen.

Dotterblumen - Kapern

(ein Rezept von Inge Witzmann)

1 Tasse frisch gepflückte Dotterblumenknospen
1 EL Meersalz
1/8 l Vollreisessig
1/8 l Umeboshiessig

Die Knospen waschen und mit dem Meersalz vermischen. Über Nacht stehen lassen. Dann den Essig aufkochen und über die Blüten gießen. In ein Glas füllen und mindestens einen Tag ziehen lassen. Gekühlt kann man sie 14 Tage aufbewahren.

Kombupickel

2 Stück Kombualge, 1/2 l Wasser
1/2 Tasse Wasser
1/2 Tasse Tamari
1 EL Sesamöl

Die Kombualge mit einem feuchten Tuch reinigen, dann in 1/2 l Wasser 30 Minuten kochen. Das Wasser kann dann weiterverwendet werden als Suppenbasis. Die Kombualge in kleine Würfel schneiden und im Sesamöl einige Minuten anbraten. Dann mit der 1/2 Tasse Wasser und 1/ 2 Tasse Tamari aufgießen und auf kleiner Flamme solange kochen, bis die Flüssigkeit verdampft ist.
Diese Algen- Pickel sind gekühlt bis 10 Tage haltbar.

Chinakohlpickel

1 Chinakohl
3 EL Vollreisessig
2 EL Mirin
1 EL Meersalz

Den Chinakohl waschen und die Blätter in feine Streifen schneiden. In eine Salatpresse (Gerät aus Japan mit Schraubdeckel) oder einen Tontopf geben. Mit Mirin, Vollreisessig und Meersalz gut durchmischen. Bei der Salatpresse den Deckel fest zuschrauben, beim Tontopf mit einem Deckel und einem Stein beschweren. 12 Stunden ziehen lassen. Die Pickel sind ungefähr 3 Tage haltbar.

Apfel - Meerrettich

1 roter Apfel
1 Stück Meerrettich (5 cm lang)
1 TL Vollreisessig
1 TL Mirin
etwas Meersalz

Den Apfel und den Meerrettich waschen und dann fein reiben. In einer Schüssel mit allen Zutaten gut vermengen. Schmeckt gut als Beilage zu fritierten Sachen.

Waldorfsalat

Dieser klassische Salat wurde vor über 50 Jahren im New Yorker Hotel “Waldorf Astoria“ zum ersten Mal angerichtet.

Azukibohnensalat (S. 25)

Pikante Paprikaschoten (S. 27)

Tempeh- Spießchen (S. 61)

Französischer Salat (S. 13)

1 kleine Sellerieknolle
2 rote Äpfel
1/2 Zitrone
200 gr Tofunaise (siehe S.45)
etwas Meersalz
1/2 Tasse Walnußkerne

Die Sellerieknolle waschen, schälen und in feine Streifen schneiden. In etwas Salzwasser weich dünsten. Die Äpfel waschen und ebenso in feine Streifen schneiden. Sellerie und Äpfel in eine Schüssel geben, die Tofunaise, den Saft der Zitrone und die gehackten Walnüsse darunter mischen.

Blumenkohlsalat

1 mittlerer Blumenkohl
3 EL Olivenöl
3 EL Vollreisessig
3 EL Wasser
2 EL Mirin
etwas Meersalz
1 EL gehackte Petersilie

Den Blumenkohl in Röschen zerteilen, waschen und in Salzwasser weich kochen. Auf einer Platte wieder zu einem Kopf zusammensetzen. Eine Marinade aus den restlichen Zutaten bereiten und über den Blumenkohl gießen.

Schwarzwurzelsalat

500 gr Schwarzwurzeln
3 EL Zitronensaft
3 EL Sonnenblumenöl
1/2 EL gehackter Schnittlauch
2 EL Vollreisessig
1 EL Vollreismalz
etwas Meersalz, etwas weißer Pfeffer

Die Schwarzwurzeln waschen, die Schale abschaben oder schälen, in 2 cm lange Stücke schneiden. Sofort in gesalzenes, mit 2 EL Zitronensaft gesäuertes Wasser legen, damit sie nicht braun werden. In diesem Wasser 20 Minuten kochen. 1/2 Tasse des Kochwassers mit dem restlichen Zitronensaft, dem Vollreisessig, dem Sonnenblumenöl, dem Vollreismalz und Meersalz und Pfeffer vermischen und über die gekochten Schwarzwurzeln gießen. Mit Schnittlauch bestreut servieren.

Gurkensalat mit Tofurahm

1 Salatgurke
200 gr Tofu
3 EL Vollreisessig
1 EL Tamari
etwas weißer Pfeffer
etwas gehackter Dill

Die Salatgurke feinblättrig schneiden. Den Tofu mit dem Vollreisessig und 3 EL Wasser im Mixer pürieren. Unter die Gurke mischen. Mit dem Tamari und Pfeffer würzen. Mit dem gehackten Dill bestreuen.

Reissalat

2 Tassen gekochter Vollreis
1/2 Tasse gehackte rote Paprikaschote
1/2 Tasse gehackte grüne Paprikaschote
etwas Curry
3 EL Vollreisessig
3 EL Wasser
4 EL Mirin
2 EL Tamari

Alle Zutaten in einer Schüssel gut vermischen und 1 Stunde durchziehen lassen.

Aramesalat

30 gr Arame
1 EL Tamari
2 EL Vollreisessig
1 EL Mirin
1 EL Umebohi-Essig
1 Karotte
1 Scheibe Vollweizen- Fu

Aramealgen in einem Topf gerade mit Wasser bedecken und 15 Minuten kochen. Die Karotte in dünne Stifte schneiden und in wenig Salzwasser weichkochen. Zu den gekochten Arame geben und mit dem Tamari, Vollreisessig, Mirin und Umeboshi-Essig vermischen. Den Vollweizen- Fu 5 Minuten in lauwarmem Wasser einweichen. Das Wasser ausdrücken und den Fu in heißem Sonnenblumenöl schwimmend ausbacken. Dann in kleine Würfel schneiden und über den Aramesalat geben.

Mixed Pickles

"Saures macht lustig"

500 gr kleine Gurken
150 gr Blumenkohl
250 gr Karotten
150 gr grüne Bohnen
2 Lorbeerblätter
2 Shisoblätter

Essiglösung: *1/2 l Vollreisessig*
2 EL Vollreismalz
5 EL Mirin
etwas Meersalz
1/2 l Wasser
1/4 l Umeboshi- Essig

Das Gemüse waschen, klein schneiden und in Salzwasser 15 Minuten kochen. In Gläser schichten, die Lorbeer- und Shisoblätter zerkleinern und aufteilen, mit der aufgekochten Essiglösung übergießen und mit einem Schraubdeckel gut verschließen. Gekühlt aufbewahrt sind die Pickel bis 6 Monate haltbar.

Wakame – Gurken Salat

1 Salatgurke
1 Streifen Wakame (10 cm lang)
3 EL Vollreisessig, 3 EL Wasser
1 EL Olivenöl, 3 EL Mirin
1 EL Tamari
etwas weißer Sesam

Die Wakamealge waschen, in lauwarmem Wasser 1/2 Stunde einweichen. Die Salatgurke waschen, in feine Stäbchen schneiden. Nach dem Einweichen die Alge in feine Streifen schneiden und mit der Gurke vermischen. Aus den restlichen Zutaten eine Marinade bereiten und darübergießen. Mit weißem Sesam bestreuen.

Tofunaise – Salat

2 mittlere Süßkartoffeln
200 gr Tofunaise (siehe S. 45)
2 EL gehackte Petersilie

Die Süßkartoffel schälen, in Würfel schneiden und in wenig Salzwasser weichkochen. Mit der Tofunaise vermischen und der Petersilie bestreuen.

Ingwer – Melone

1 Honigmelone
1/8 l Vollreisessig
1/8 l Wasser
4 EL Vollreismalz
3 Gewürznelken
etwas Meersalz
1/2 Zimtstange
1 Stück Ingwerknolle

Die Honigmelone schälen und mit einem Löffel Kugeln ausstechen. Alle Zutaten aufkochen lassen und die Melonenkugeln darin 10 Minuten kochen. Dann in Gläser füllen und noch heiß mit einem Schraubdeckel verschließen. 2 Tage durchziehen lassen. Gekühlt sind die Melonenkugeln bis 6 Monate haltbar.

Feldsalat mit Tofu – Dressing

300 gr Feldsalat
1 EL Zitronensaft
2 EL Mirin
6 EL Tofunaise (siehe S.45)
etwas weißer Pfeffer
3 EL Wasser

Den Feldsalat putzen und waschen. Alle Zutaten zu einer Marinade vermischen. Den Feldsalat in Schalen anrichten und mit einem Löffel Dressing versehen.

Bunter Süßkartoffelsalat

1 kg Süßkartoffeln
5 EL Olivenöl
1 EL Vollreismalz
3 EL Vollreisessig
2 EL Mirin
3 EL Wasser
1 EL Meersalz
5 EL Umeboshi – Essig
1 rote Paprikaschote
1 kleine Zwiebel
100 gr Feldsalat

Die Süßkartoffeln waschen, schälen und in Scheiben schneiden. In etwas Salzwasser weichkochen. Die Äpfel, Zwiebel und Paprikaschote in feine Würfel schneiden und zu den gekochten Kartoffeln geben. Den Feldsalat verlesen und waschen. Aus den restlichen Zutaten eine Marinade bereiten und über die Kartoffeln gießen. Kurz vor dem Anrichten den Feldsalat daruntergeben.

Azukibohnensalat

1 Tasse Azukibohnen
1 Stück Kombualge
4 Tassen Wasser
1 kleine Zwiebel, feingehackt
3 EL Vollreisessig
1 EL Mirin
3 EL Wasser
1 EL Tamari
2 EL Sonnenblumenöl

Die Azukibohnen mit der Kombualge über Nacht einweichen. Im Einweichwasser auf mittlerer Flamme ungefähr 1 Stunde kochen. Mit den restlichen Zutaten eine Marinade bereiten und mit den Bohnen gut vermischen.

Weißer Bohnensalat

2 Tassen weiße Bohnen
1 Stück Kombualge
8 Tassen Wasser
1 kleine Zwiebel, feingehackt
3 EL Vollreisessig
1 EL Mirin
3 EL Wasser
1 EL Tamari
2 EL Olivenöl
etwas rotes Paprikapulver

Die Bohnen über Nacht mit der Kombualge in Wasser einweichen. Im Einweichwasser auf mittlerer Flamme ungefähr 45 Minuten kochen. Mit den restlichen Zutaten eine Marinade bereiten und unter die Bohnen mischen. Die Kombualge kann separat weiterverwendet oder feingeschnitten unter den Salat gemischt werden. Mit dem Paprikapulver bestreuen.

Gepickelter Kopfsalat

1 Kopfsalat
1 EL Meersalz
3 EL Vollreisessig
3 EL Wasser
3 EL Mirin
1 EL Sonnenblumenöl

Den Kopfsalat waschen, die Blätter in feine Streifen schneiden. Das Meersalz gut untermischen und eine Stunde ziehen lassen. Das Wasser aus dem Salat ausdrücken und weggeben. Aus den restlichen Zutaten eine Marinade bereiten und unter den Kopfsalat mischen.

Nudelsalat

2 Tassen gekochte Vollweizenhörnchen
2 Karotten
1/2 Stange Lauch

Salatsauce: *1 Zwiebel*
1 entkernte Umeboshi
3 EL Olivenöl, 3 EL Vollreisessig
1 EL Tahin, 1 EL Tamari
3 EL Wasser

Die Karotten waschen, in dünne Streifen schneiden und in wenig Salzwasser weichkochen. Den Lauch waschen, in feine Streifen schneiden und kurz in etwas Sesamöl anbraten. Das Gemüse mit den gekochten Nudeln gut vermischen. Die Salatsauce im Mixer pürieren und unter den Salat mischen. Eine Stunde gekühlt durchziehen lassen.

Eingelegter Tofu

250 gr Tofu
1 Knoblauchzehe
1 EL schwarze Oliven
1 Rosmarinzweiglein
1 Zitrone
3 EL Tamari
Olivenöl

Den Tofu in Scheiben schneiden und in eine Mischung aus 3 EL Tamari und 3 EL Wasser für 5 Stunden einlegen. Dann wird er zusammen mit den Oliven, dem Rosmarinzweiglein, der Knoblauchzehe und der in Scheiben geschnittenen Zitrone in ein Glas geschichtet. Mit Olivenöl aufgießen und mindestens einen Tag durchziehen lassen. Hält sich gekühlt für 8 Tage.

Pikante Paprikaschoten

4 kleine Paprikaschoten
250 gr Sauerkraut

Die Paprikaschoten waschen, entkernen und in etwas Salzwasser weichdünsten. Mit dem Sauerkraut füllen.

Weißer Fungus-Salat

1/2 Tasse weißer Fungus
1 Karotte
1 Tasse feingeschnittener Chinakohl
etwas Vollreisessig
etwas Umeboshi-Essig
2 EL Wasser
1 EL Olivenöl
etwas Schnittlauch

Den Fungus waschen und in etwas Wasser 30 Minuten einweichen. Dann die harten Mittelteile entfernen und den Fungus klein schneiden. Ungefähr 15 Minuten in etwas Wasser kochen. Ebenso die Karotte waschen, in feine Streifen schneiden und in etwas Salzwasser weichkochen. Den Fungus, die Karotte und den Chinakohl in eine Schüssel geben und mit den restlichen Zutaten vermischen. Mit gehacktem Schnittlauch garnieren.

B) SUPPEN UND SAUCEN

Kombubrühe (Dashi-) Grundrezept

Diese Brühe eignet sich gut als Grundlage für die verschiedensten Suppen und zum Aufgießen von Gemüse.

1 Streifen Kombualge
1 l Wasser

Die Kombualge mit feuchtem Tuch abwischen und im Wasser 45-60 Minuten kochen. Die Alge herausnehmen und beliebig weiter verwenden (z.B. Kombupickel, siehe S. 15).
Nach Belieben können Sie auch etwas Wurzelgemüse (wie Sellerie, Karotten, Petersilienwurzeln) als Geschmacksverbesserung mitkochen.

Wakame – Misosuppe

1 Stück Wakamealge
1 Karotte
1 Petersilienwurzel
1 Stück Sellerieknolle
1 Stück Lauch
1 Scheibe Tofu
3 EL Gerstenmiso

3/4 l Wasser zum Kochen bringen. Die Wurzelgemüse waschen und in feine Streifen schneiden. Ins kochende Wasser geben. Die Wakamealge kurz in Wasser einweichen, dann in feine Streifen schneiden und zur Suppe geben. 10 Minuten kochen lassen, dann den feingeschnittenen Lauch dazugeben und weitere 5 Minuten kochen. Vom Feuer nehmen, und das in kaltem Wasser angerührte Miso dazugeben. Das Miso darf nicht mehr kochen.Den Tofu in heißem Sonnenblumenöl fritieren, in feine Streifen schneiden und als Suppeneinlage servieren.

Blumenkohlcremesuppe

1 Blumenkohl
etwas Meersalz
etwas weißer Pfeffer
3 EL Pfeilwurzelmehl
3 EL Tamari
2 EL gehackte Petersilie

Den Blumenkohl in Röschen teilen, waschen und in 3/4 l Salzwasser weichkochen. Im Mixer oder mit einem Püriersieb pürieren. Das Pfeilwurzelmehl in wenig kaltem Wasser anrühren und zur Suppe geben. 5 Minuten aufkochen lassen. Mit Tamari würzen und mit der gehackten Petersilie servieren.

Süßkürbissuppe

1 mittlerer Hokkaido- (Süß-) Kürbis
1 l Wasser oder Kombubrühe
2 gehackte Zwiebeln
1 EL Sesamöl
4 EL Tamari

Den Kürbis waschen, entkernen und in Würfel schneiden. Die Schale kann verwendet werden. Im Wasser oder in der Kombubrühe zum

Kochen bringen. 30 Minuten kochen lassen, dann im Mixer oder mit dem Püriersieb pürieren. Die Zwiebeln im Sesamöl anbraten und weichdünsten. Zur pürierten Suppe geben, mit Tamari würzen.

Französische Zwiebelsuppe

1 l Kombubrühe oder Wasser
5 feinblättrig geschnittene Zwiebeln
1 Tasse Brotwürfel
1 EL Sonnenblumenöl
4 Scheiben Tofu, Öl zum Fritieren
4 EL Tamari
etwas weißer Pfeffer
etwas Oregano, 2 EL gehackter Schnittlauch

Die Zwiebel in der Kombubrühe oder im Wasser 30 Minuten kochen. Die Brotwürfel im Öl knusprig anbraten. Die Tofuscheiben in heißem Sonnenblumenöl fritieren.
Die Suppe mit Tamari, Pfeffer und Oregano würzen. In Suppentassen füllen, mit Brotkrümeln und einer Scheibe Tofu anrichten. Mit Schnittlauch garnieren.

Bechamel – Sauce

1 EL Sonnenblumenöl
2 EL Vollweizenmehl
etwas Meersalz
1 TL Tamari
1 Tasse Wasser

Das Öl und das Mehl in einer Pfanne erhitzen. Ständig rühren, mit Wasser aufgießen und aufkochen lassen. Mit dem Meersalz und Tamari würzen.

Zitronen – Bechamel – Sauce

In die fertige Bechamel- Sauce den Saft von einer Zitrone einrühren.

Chinesische Ingwersauce

1 Zwiebel
1 EL Sonnenblumenöl
3 Stück Ingwer
1/4 l Sake
Saft von 1/2 Zitrone
etwas Kombupulver
2 TL Pfeilwurzelmehl

Die Zwiebel schälen, fein hacken und im Öl hell dünsten. Den Ingwer in feine Scheiben schneiden und zu den Zwiebeln geben. Mit dem Sake aufgießen und aufkochen lassen. Das Kombupulver und den Zitronensaft dazufügen. Das Pfeilwurzelmehl mit etwas kaltem Wasser anrühren und zur Sauce geben. Einmal aufkochen lassen, heiß servieren.
Paßt gut zu Nudelgerichten oder Tempura.

Azukibohnencremesuppe

1 1/2 Tassen Azukibohnen, 1 Stück Kombu
1 Tasse feines Vollweizenmehl
2 kleine Zwiebeln
etwas Meersalz
1 Lorbeerblatt
etwas Sesamöl, 3 EL Tamari
1 Stück Seitan, gewürfelt

Die Azukibohnen mit der Kombualge über Nacht in 1 l Wasser einweichen. Mit dem Einweichwasser zum Kochen bringen. Die Zwiebeln schälen und fein schneiden. Zwiebeln, Meersalz und Lorbeerblatt zu den Bohnen geben und 1 1/2 Stunden kochen. Dann den gewürfelten Seitan zufügen. Aus dem Vollweizenmehl mit etwas Wasser und Meersalz einen zähen Teig anrühren, davon mit einem Löffel kleine Klößchen abstechen und in der Suppe mitkochen. Weitere 15 Minuten kochen lassen bis die Suppe cremig ist. Mit Tamari würzen und nach dem Anrichten mit Schnittlauch bestreuen.

Minestrone

1 Zwiebel
1 Knoblauchzehe
1 Karotte
1/4 Sellerieknolle
2 Tassen grüne Erbsen
1/2 Stange Lauch
6 EL Olivenöl
etwas Kombupulver
1 Lorbeerblatt
etwas Oregano
1/2 Tasse gekochte Vollkornhörnchen
1/4 Tasse gekochten Vollkornreis

Die Zwiebel schälen, fein hacken und im Olivenöl anbraten. Das übrige Gemüse, bis auf die Erbsen, in Würfel schneiden. Alles zusammen zur Zwiebel geben. Mit Meersalz, Kombupulver, Lorbeerblatt, etwas Oregano und der zerdrückten Knoblauchzehe würzen und mit 1 l Wasser aufgießen. 20 Minuten kochen lassen, dann den gekochten Vollkornreis und die Vollkornhörnchen dazugeben. Weitere 5 Minuten mitkochen.

Ratatouille

8 kleine grüne Paprikaschoten, 8 Zucchini
3 rote Paprikaschoten, 2 Zwiebeln
2 Knoblauchzehen, 5 mittelgroße Auberginen
1/2 Tasse Olivenöl
etwas Meersalz und weißer Pfeffer

Das Gemüse waschen, in Würfel schneiden und in eine schwere Pfanne geben. Mit dem Olivenöl und 1 Tasse kaltem Wasser übergießen. Zugedeckt 1 1/2 Stunden dünsten lassen. Dann mit Meersalz und Pfeffer würzen.

Haferflockensuppe

Dieselbe Zubereitungsart wie Grießsuppe, siehe unten.
Anstelle von Grieß werden Haferflocken verwendet.

Grießsuppe

75 gr Vollkorngrieß
1 l Kombubrühe oder Wasser
1 Karotte
1 Petersilienwurzel
1/2 Stange Lauch, 1/4 Sellerieknolle
2 EL Sesamöl, 3 EL Tamari, etwas Meersalz

Den Grieß im Sesamöl kurz anrösten, mit dem Wasser oder der Brühe aufgießen. Das Gemüse waschen und fein schneiden. Zur Suppe geben und zusammen 30 Minuten kochen lassen. Mit Tamari und Meersalz würzen.

Tofu- Burger (S. 50) mit Kürbis Frittes (S. 49)

Chinakohlpickel (S. 16)

Griechischer Bauernsalat (S. 14)

Weißer Fungus- Salat (S. 28)

Serbische Bohnensuppe

250 gr weiße kleine Bohnen, 1 Stück Kombualge
250 gr Zwiebeln
2 Knoblauchzehen
125 gr Seitan
1 EL Paprikapulver
1 TL weißer Pfeffer
1 grüne Paprikaschote
5 EL Tamari
etwas Sonnenblumenöl

Die Bohnen mit der Kombualge über Nacht in 1 l Wasser einweichen. Im Einweichwasser zum Kochen bringen. Die Zwiebel schälen und fein hacken, ebenso den Knoblauch. In etwas Sonnenblumenöl anbraten und auf kleiner Flamme 20 Minuten dünsten lassen. Die Paprikaschote würfeln, ebenso den Seitan und nach 30 Minuten Kochzeit zu den Bohnen geben. Dann die Zwiebeln dazugeben und alles zusammen weitere 30 Minuten kochen lassen. Mit Paprikapulver, Pfeffer und Tamari würzen.

Süßkartoffelsuppe

3 Süßkartoffeln
1 Tasse gehackte Zwiebeln
1 1/2 TL frisches Basilikum, gehackt
1 EL Sesamöl
1/4 Tasse geschälte Mandeln
4 Tassen Wasser, 3 TL Gerstenmiso

Die Süßkartoffeln schälen, in Würfel schneiden und in wenig Salzwasser weichkochen. Die gehackten Zwiebeln im Sesamöl anrösten.

Alle Zutaten im Mixer oder Sieb pürieren. Mit gehacktem Schnittlauch servieren.

Ume – Sauce

1 Tasse Wasser
1 EL Kuzu
1 EL Umeboshi-Essig
1/2 TL frisch geriebener Ingwer
1/2 TL Shoyu

Das Wasser mit dem Kuzu unter ständigem Rühren zum Kochen bringen. Den Umeboshi- Essig, Shoyu und Ingwer dazugeben und 5 Minuten leicht kochen lassen.

Klare Kombubrühe mit Nockerl

1 l Kombubrühe
1 Karotte
1 Petersilienwurzel
etwas Tamari
250 gr Vollweizenmehl
1/8 l lauwarmes Wasser
1 TL Sonnenblumenöl
etwas Meersalz, 2 TL gehackter Schnittlauch

Die Karotte und Petersilienwurzel waschen und in Stifte schneiden. In der Kombubrühe 15 Minuten kochen lassen. Mit Tamari würzen. Aus dem Mehl, Wasser und Öl einen Teig kneten und davon in kochendes Salzwasser Nockerl abstechen. 5 Minuten kochen lassen, abseihen und mit kaltem Wasser abschrecken. Als Einlage zur Suppe servieren. Mit gehacktem Schnittlauch garnieren.

Klare Kombubrühe mit Pfannkuchen

Dieselbe Suppe wie oben zubereiten.

Pfannkuchen: *1 1/2 Tassen Vollweizenmehl*
2 Tassen kaltes Wasser
etwas Meersalz

Die Zutaten alle zu einem flüssigen Teig verrühren und in einer mit Sonnenblumenöl bestrichenen Pfanne dünne Pfannkuchen ausbakken. Nach dem Erkalten die Pfannkuchen einzeln zusammenrollen und in feine Streifen schneiden. Als Suppeneinlage servieren.

Klare Kombubrühe mit Perlgerste

Dieselbe Suppe wie oben zubereiten. Als Einlage nimmt man gekochte Perlgerste. Dazu kocht man 1/2 Tasse Perlgerste mit 1 1/2 Tassen Wasser und etwas Meersalz für ungefähr 30 Minuten.

Karottencremesuppe

1 l Kombubrühe oder Wasser
500 gr Karotten
etwas Tamari
1 Tasse Vollkornbrotwürfel
1 EL Sonnenblumenöl
2 TL gehackter Schnittlauch

Die Karotten waschen, in Würfel schneiden und in der Brühe oder dem Wasser weichkochen. Dann im Mixer pürieren und mit dem Tamari würzen. Die Vollkornbrotwürfel im Öl anbraten und über die Suppe streuen. Mit gehacktem Schnittlauch garnieren.

Buchweizennockerlsuppe

350 gr frisch gemahlenes Buchweizenmehl
1 l Wasser, 4 EL Gerstenmiso
2 TL gehackter Schnittlauch

Das Wasser zum Kochen bringen. Das Buchweizenmehl mit 3 Tassen kaltem Wasser zu einem Teig anrühren. In das kochende Wasser Nockerl abstechen und 20 Minuten kochen lassen. Die Suppe soll cremig werden. Das Miso mit etwas Wasser anrühren und in die Suppe einrühren. Mit gehacktem Schnittlauch servieren.

Teriyaki – Sauce

1 EL Vollreismiso
2 EL Mirin, 2 TL Vollreismalz
1 EL Pfeilwurzelmehl, 1 Tasse Wasser

Das Wasser mit dem Pfeilwurzelmehl unter ständigem Rühren zum Kochen bringen. Das Miso mit dem Mirin und Vollreismalz mit wenig kaltem Wasser anrühren und in die Sauce einrühren. 5 Minuten leicht kochen lassen. Als Beilage für Tempura oder Seitan-Spießchen.

Pesto (Basilikumsauce)

3 Bund frisches Basilikum
3 Knoblauchzehen
6 EL Olivenöl, 100 gr Pinienkerne
150 gr Sonnenblumenkerne, 3 EL Shoyu
1 Tasse Wasser

Das Basilikum waschen und feinhacken. Mit den anderen Zutaten im Mixer fein pürieren. Paßt gut zu Nudelgerichten.

Kuzu – Zitronen – Sauce

Dieselbe Zubereitung wie Ume- Sauce (S. 38). Anstelle von Umeboshi-Essig verwendet man Zitronensaft.

Indisches Dal

500 gr rote Linsen
1 frische Chilischote
etwas Curry
etwas Tamari
1 Lorbeerblatt
1 l Wasser

Die Linsen waschen und in 1 l Wasser mit dem Lorbeerblatt und der fein gehackten Chilischote zum Kochen bringen. Für eine Stunde leicht kochen lassen. Mit Curry und Tamari würzen. Schmeckt köstlich zusammen mit Chapatis (siehe S. 52).

Glasnudelsuppe

1 l Kombubrühe oder Wasser
4 Shiitakepilze
2 Karotten
75 gr Bohnenglasnudeln
etwas feingeschnittener Lauch, etwas Tamari, 1 TL frischer Ingwersaft

Die Shiitakepilze in der Brühe oder im Wasser zum Kochen bringen. Nach 10 Minuten herausnehmen und die Stengel entfernen (nicht verwenden). Die Hüte in feine Streifen schneiden und wieder in die

Suppe geben. Ebenso die Karotten in feine Streifen schneiden und dazugeben. Die Glasnudeln in 1/2 l kochendes Wasser geben und weichkochen. Abseihen und mit kaltem Wasser abschrecken.
1 Stück frische Ingwerwurzel reiben und den Saft auspressen. Die Suppe soll weitere 15 Minuten kochen, dann mit Tamari und Ingwersaft würzen. Die Glasnudeln in Tassen füllen und mit der Suppe aufgießen. Mit dem Lauch garnieren.

Mochisuppe (O – zoni)

In Japan werden Mochi traditionell bei der ersten Mahlzeit im Neuen Jahr gegessen, meistens in Form dieser Suppe.

1 l Wasser, 1 Stück Kombu, 1 Karotte
etwas Meersalz, 1 EL Mirin, 1 Petersilienwurzel
5 Shiitake- Pilze (über Nacht eingeweicht)
1/3 Tasse Gerstenmiso, 4 Chinakohlblätter
8 Stück Mochi

Wasser und Kombu 1/2 Stunde kochen. Karotte und Petersilienwurzel waschen und in 1 cm große Stücke schneiden. Kombualge herausnehmen und für andere Zwecke verwenden. Die Wurzeln und Shiitake-Pilze in die Suppe geben und 10 Minuten kochen. Dann die Stiele von den Pilzen entfernen (nicht zum Genuß geeignet) und die Hüte in feine Streifen schneiden. Die Pilze wieder zur Suppe geben, ebenso die feingeschnittenen Chinakohlblätter und das Mirin. 5 weitere Minuten kochen.
Die Mochi inzwischen auf ein geöltes Backblech geben und bei 200 Grad backen bis sie aufgehen.
Die gebackenen Mochi in die Suppe geben. Das Miso in 1/2 Tasse Suppenbrühe auflösen und die Suppe damit würzen. Sofort servieren.

C) AUFSTRICHE, PÜREES UND DIPS

Kräutertofu

500 gr Tofu
1 Knoblauchzehe
1 Bund frische Kräuter (Petersilie, Schnittlauch, Dill, Basilikum)
3 EL Tamari
1 EL biologischer Senf
1/2 Tasse Wasser
3 EL Olivenöl

Alle Zutaten im Mixer pürieren.

Tofu – Liptauer

500 gr Tofu
1 kleine Zwiebel
3 EL Sonnenblumenöl
1/2 TL scharfes Paprikapulver
1 grüne Paprikaschote
3 EL Tamari
1/2 Tasse Wasser

Die Zwiebel schälen und fein hacken. Die Paprikaschote waschen, entkernen und in feine Würfel schneiden. Den Tofu mit dem Öl, Tamari, Paprikapulver und Wasser im Mixer pürieren. Mit der Zwiebel und Paprikaschote vermischen.

Meerrettichtofu

500 gr Tofu
3 EL Olivenöl
1 EL frisch geriebener Meerrettich
2 EL gehackter Schnittlauch
3 EL Tamari
1/2 Tasse Wasser

Den Tofu mit dem Öl, Wasser und Tamari im Mixer pürieren. Mit dem Meerrettich und dem Schnittlauch vermischen.

Miso – Tahin – Aufstrich

4 EL Tahin
1 EL Gerstenmiso
etwas Wasser
1 feingehackte Zwiebel
1 EL Sesamöl

Die Zwiebel im Öl andünsten. Das Tahin mit dem Miso und Wasser cremig rühren und zur Zwiebel geben. 5 Minuten zusammen braten lassen.

Indisches Erbsenpüree

350 gr frische grüne Erbsen, 200 gr Tofu
3 EL Rosinen, etwas Meersalz
1 EL Vollreismalz, 1 TL Zimt
1 TL Tamari, etwas Curry

Die Erbsen waschen und in 1 l Wasser weichkochen. Im Mixer oder

Sieb pürieren. Mit Vollreismalz, Zimt, Curry, Tamari und Meersalz würzen. Die Rosinen waschen und dazugeben. Den Tofu in Würfel schneiden und in heißem Sonnenblumenöl fritieren. Ebenso zum Püree geben und 5 Minuten mitkochen lassen.

Tofunaise

350 gr Tofu
5 EL Vollreisessig
1 EL Zitronensaft
1 EL Mirin
1 EL biologischer Senf
2 EL Shoyu
2 EL Olivenöl
1/2 Tasse Wasser

Alle Zutaten im Mixer pürieren.

Kichererbsenaufstrich

250 gr Kichererbsen
1 Stück Kombualge
etwas Shoyu
2 TL gehackter Schnittlauch

Die Kichererbsen mit der Kombualge über Nacht in 3/4 l Wasser einweichen. Mit dem Einweichwasser entweder im normalen Topf 1 Std. oder im Drucktopf 30 Min. kochen. Im Mixer oder Sieb pürieren. Mit Shoyu würzen und mit Schnittlauch garnieren.

Tzatziki

250 gr Tofu
2 Knoblauchzehen
1 Bund Dill
1/2 Salatgurke
etwas Meersalz
etwas Shoyu

Den Tofu mit etwas Wasser im Mixer cremig pürieren. Mit den zerdrückten Knoblauchzehen, dem gehackten Dill und der feingeraspelten Salatgurke verrühren.

Knoblauchmargarine

150 gr Margarine
2 Knoblauchzehen
etwas Meersalz
geriebene Schale von 1/2 Zitrone

Die Margarine mit den zerdrückten Knoblauchzehen, dem Meersalz und der Zitronenschale gut verrühren. Hält sich im Kühlschrank etwa 14 Tage.

Noricreme

2 Blatt Nori
1 EL Pfeilwurzelmehl
2 EL Tamari
1 Tasse Wasser

Das Wasser zum Kochen bringen, Nori in kleine Stücke brechen und darin 5 Minuten kochen lassen. Das Pfeilwurzelmehl in ein wenig kaltem Wasser anrühren und dazugeben. Unter Rühren weitere 5 Minuten kochen bis eine Creme entsteht. Mit Tamari würzen.

Bohnenpüree

350 gr weiße Bohnen
1 Stück Kombualge
1/2 Tasse gehacktes Selleriegrün
etwas Tamari

Die Bohnen mit der Alge über Nacht in 3/4 l Wasser einweichen. Mit dem Einweichwasser zum Kochen bringen und 1 Stunde weichkochen. Zusammen mit dem Selleriegrün passieren und mit dem Tamari würzen. Mit Gomasio bestreuen. (siehe S. 84)

Ume – Chutney (süß – sauer)

3 EL Vollreismalz
1 EL Mirin, 2 EL Umeboshi-Mus
1 EL Tamari, 3 EL Wasser

Alle Zutaten unter ständigem Rühren erwärmen.

Cayenne – Dip

5 EL Olivenöl
2 EL Umeboshi- Essig, 1 EL Tamari
etwas Cayenne- Pfeffer

Alle Zutaten kalt anrühren.

Linsenaufstrich

Dieselbe Zubereitungsart wie beim Kichererbsenaufstrich (Siehe S. 45). Anstelle von Kichererbsen werden schwarze Linsen verwendet.

Lotossamencreme

100 gr Lotossamen
etwas Shoyu
1 TL frischer Ingwersaft
1 EL gehackte Mandeln
1 Stück Kombu

Die Lotossamen waschen und mit der Kombualge über Nacht in 1/2 l Wasser einweichen. Mit dem Einweichwasser im Drucktopf 15-20 Minuten kochen. Durch ein Passiersieb drücken oder im Mixer pürieren und mit dem Shoyu und Ingwersaft würzen. Mit den gehackten Mandeln bestreut servieren.

D) KALTE UND WARME LECKERBISSEN

Gebackene Shiitakepilze

Dieser Baumpilz aus Asien hat die Eigenschaft, den Cholesterinspiegel im Blut zu senken.

8 Shiitake-Pilze
etwas feines Vollweizenmehl
etwas Vollkornpaniermehl

Die Pilze ungefähr 15 Minuten in etwas Wasser weichkochen. Dann die Stengel entfernen und weggeben (sind nicht zum Genuß geeignet). Aus dem Vollweizenmehl mit Wasser einen zähflüssigen Teig anrühren. Die Pilzhüte darin eintauchen, dann im Paniermehl wenden und in heißem Sonnenblumenöl goldbraun fritieren. Mit etwas Tamari beträufeln.

Kürbis Frittes

2 Scheiben Süßkürbis
Sonnenblumenöl zum Fritieren

Die Kürbisscheiben in dünne Stäbchen schneiden und im heißen Öl knusprig fritieren.
Fritieröl können Sie zwei- bis dreimal verwenden, wenn Sie es abseihen und in einem Glas mit einer Umeboshipflaume kühl aufbewahren. Diese Salzpflaume macht das Öl länger haltbar.

Seitan – Spießchen

4 Stück Seitan
frische Salatblätter
1 rote Paprikaschote

Den Seitan in Würfel schneiden und in heißem Sonnenblumenöl knusprig fritieren. Auf Spießchen stecken und abwechselnd dazwischen ein Salatblatt und ein Stück Paprika geben.

Kichererbsen – Toast

4 Scheiben Vollkornbrot
Kichererbsenaufstrich (siehe S . 45)
frische Petersilie
weißen Rettich

Die Brotscheiben mit Aufstrich bestreichen und im Backrohr bei 200 Grad 5- 7 Minuten überbacken. Mit Petersilsträußchen und Rettichblume garnieren.

Tofu – Burger

4 Vollkornbrötchen
4 Scheiben Tofu
etwas biologischer Senf
4 Salatblätter

Den Tofu in heißem Sonnenblumenöl fritieren. Die Brötchen halbieren und mit Senf bestreichen. Mit einer Scheibe Tofu und einem Salatblatt belegen. Die zweite Brötchenhälfte wieder aufsetzen.

Seitan – Burger

4 Vollkornbrötchen
4 Scheiben Seitan
etwas biologischer Senf
4 Gurkenscheiben

Den Seitan in heißem Sonnenblumenöl fritieren. Die Brötchen halbieren und mit Senf bestreichen. Mit einer Scheibe Seitan und einer Gurkenscheibe belegen. Die zweite Brötchenhälfte wieder aufsetzen.

Grüne Spätzle

400 gr Mangold
600 gr Vollweizenmehl
1 Bund Petersilie
etwas weißer Pfeffer
geriebene Muskatnuß
1/8 l Wasser

Den Mangold und die Petersilie waschen und im Mixer pürieren oder durch ein Passiersieb drücken. Mit den restlichen Zutaten zu einem Teig verrühren und kurz kneten. In kochendes Salzwasser mit einem Löffel kleine Klößchen abstechen und 10 Minuten kochen. Abseihen und mit kaltem Wasser abspülen.

Gebackene Süßkartoffel

Dies ist eine köstliche Spezialität aus Malaysia.

2 Süßkartoffeln, 1 Tasse feines Vollweizenmehl
etwas Meersalz, Sonnenblumenöl zum Fritieren

Die Süßkartoffeln schälen und in dünne Scheiben schneiden. Aus dem Vollweizenmehl, Meersalz und etwas kaltem Wasser einen zähflüssigen Teig anrühren. Die Scheiben eintauchen und in heißem Öl knusprig ausbacken. Mit Küchenpapier abtupfen und mit Tamari beträufeln.

Pizza "Cipolla"

500 gr feines Vollweizenmehl
etwas Olivenöl, etwas Meersalz
3 rote Paprikaschoten, 3 grüne Paprikaschoten
3 Zwiebeln
etwas Tamari, etwas Oregano

Aus dem Vollweizenmehl, Meersalz, Olivenöl und etwas Wasser einen geschmeidigen Teig kneten. Ein Backblech mit Öl bestreichen und den Teig darauf dünn ausrollen.
Die Paprikaschoten waschen, entkernen und im Mixer mit etwas Wasser und Tamari pürieren. Dann auf dem Pizzaboden verteilen. Die Zwiebeln fein schneiden und auch auf der Pizza verteilen. Etwas Olivenöl und Tamari über die Pizza geben und mit Oregano bestreuen. Im Backrohr bei 230 Grad für 15 Minuten backen.
Nach dem Backen in Portionen schneiden.

Chapatis

5 Tassen feines Vollweizenmehl
etwas Meersalz
Sonnenblumenöl zum Ausbacken
etwas Vollkornpaniermehl

Vollweizenmehl, Meersalz und Wasser zu einem elastischen Teig

Pikante Tamari- Crisps (S.83)

Hiziki mit Lotoswurzeln (S.78)

Gebackene Süßkartoffel (S.51)

Kombuschleifen (S. 87)

Panierte Seitan- Schnitzel (S. 58)

Reisdreiecke mit Nori (S. 62)

Wirsingrouladen (S. 60)

Rettichblümchen (S.82)

verarbeiten und 10 Minuten gut durchkneten. Den Teig in ungefähr 20 Stücke teilen und jedes zu einem runden Stück von 7 cm Durchmesser ausrollen. Die Chapatis in einer vorgeheizten schweren Pfanne (am besten Gußeisen) langsam auf beiden Seiten bräunen. Dabei immer wieder leicht mit einem mit rohem Reis gefüllten Leinensäckchen auf die Chapatis drücken. Dieses indische Fladenbrot schmeckt herrlich zu Dal, einem Linsengericht (Siehe S. 41).

Gebackener Blumenkohl

1 Blumenkohl
1 Tasse Vollweizenmehl
etwas Meersalz
Sonnenblumenöl zum Fritieren
etwas Vollkornpaniermehl

Den Blumenkohl in Röschen zerteilen, waschen und in wenig Salzwasser halbweich kochen. Aus Vollweizenmehl, Meersalz und etwas Wasser einen dünnflüssigen Teig bereiten. Die Röschen in den Teig tauchen, im Paniermehl wenden und in heißem Sonnenblumenöl goldbraun ausbacken.

Fritierte Reisröllchen

Aus gekochtem Vollkornreis mit befeuchteten Händen kleine Röllchen formen. Diese in heißem Sonnenblumenöl fritieren. Mit Tamari beträufeln.

Diese Reisröllchen eignen sich auch gut als Reiseproviant.

Gefüllte Weinblätter

Dieses bekannte griechische Nationalgericht läßt sich sehr einfach mit Vollkornreis zubereiten.

20 frische, junge Weinblätter
1 große Zwiebel
4 EL Olivenöl
1 Tasse Vollkornreis
1 EL Zitronensaft
etwas weißer Pfeffer, etwas Meersalz
2 EL Mirin, 1 EL Tamari

Die Weinblätter kurz in kochendes Wasser tauchen, damit sie weich werden. Abtropfen lassen und flach auflegen. Die fein gehackte Zwiebel in Olivenöl dünsten, den gewaschenen Vollkornreis dazugeben und mit 2 Tassen Wasser aufgießen. Das Meersalz dazugeben und weichdünsten lassen.
Auf jedes Weinblatt ein längliches Röllchen Reis geben und gut einwickeln. In einer Pfanne mit etwas Olivenöl nebeneinander schichten. Mit Zitronensaft, Mirin, Tamari und 2 EL Wasser beträufeln und 10 Minuten auf kleiner Flamme dünsten lassen.

Panierte Seitan-Schnitzel

4 Scheiben Seitan
etwas Paniermehl
1 Tasse Vollweizenmehl
etwas Meersalz
Sonnenblumenöl zum Fritieren

Den Seitan abtropfen lassen und in den zähflüssigen Teig aus Vollweizenmehl, Meersalz und Wasser tauchen. In Paniermehl wenden und in heißem Sonnenblumenöl knusprig backen. Mit Tamari beträufeln und mit einer Zitronenscheibe servieren.

Hirsekroketten

1 Tasse Hirse
2 Tassen Wasser, etwas Meersalz
2 Blatt Nori

Hirse waschen, mit dem Wasser zum Kochen bringen und das Meersalz dazugeben. Ungefähr 20 Minuten kochen lassen.

Die gekochte Hirse (man kann auch von einer anderen Mahlzeit übriggebliebene Hirse verarbeiten) mit feuchten Händen zu Kroketten formen. Die Norialge in 2 cm breite Streifen schneiden und um jede Krokette einen Streifen wickeln. Das Ende mit Wasser befeuchten und ankleben. In heißem Sonnenblumenöl goldbraun fritieren.

Gebackener Hokkaido- Kürbis

1/2 Süßkürbis (Hokkaido-Kürbis)
1 Tasse Vollweizenmehl, 1 Tasse Vollkornpaniermehl
etwas Meersalz
Sonnenblumenöl zum Fritieren

Den Kürbis entkernen, waschen und in dünne Scheiben schneiden. Die Schale vom Kürbis kann mitverwendet werden. Aus dem Vollweizenmehl, Meersalz und etwas Wasser einen dünnflüssigen Teig bereiten. Die Kürbisscheiben in den Teig tauchen, im Paniermehl wenden und im heißen Sonnenblumenöl fritieren. Mit etwas geriebenem weißen Rettich servieren.

Wirsingrouladen

8 Wirsingblätter
100 gr Gerstenflocken
100 gr Karotten
1/2 TL Koriander, gemahlen
etwas weißer Pfeffer
etwas Meersalz, 1 TL Tamari

Die Wirsingblätter waschen und in kochendem Salzwasser blanchieren. Die Gerstenflocken mit doppelter Menge Wasser und etwas Meersalz aufkochen und 30 Minuten quellen lassen.
Die Karotten in feine Streifen schneiden und mit den Gerstenflocken und den Gewürzen vermischen.
Die Wirsingblätter mit der Füllung belegen, zusammenrollen und in eine geölte Pfanne schichten. Etwas anbraten lassen, 1 TL Wasser und 1 TL Shoyu darübergießen und 25 Minuten leicht garen lassen.

Tempura aus Gemüse

1 Karotte, 1 Zwiebel
etwas Petersiliengrün, 1 grüne Paprikaschote
1 Tasse Vollweizenmehl
etwas Meersalz, Sonnenblumenöl zum Fritieren
1 TL Zitronensaft, 1 TL frischer Ingwersaft
1/4 Tasse Shoyu, 1/4 Tasse Wasser

Das Gemüse waschen, die Karotte und die Zwiebel in dünne Scheiben und die Paprikaschote in mittlere Stücke schneiden.

Aus dem Vollweizenmehl, Meersalz und etwas Wasser einen zähflüssigen Teig bereiten. Die Gemüsestücke und das Petersiliengrün immer einzeln darin eintauchen und sofort in das heiße Sonnenblumenöl geben. Darin knusprig fritieren. Eine Eintauchsauce aus dem Shoyu, Wasser, frischen Ingwersaft und Zitronensaft dazu servieren.

Seitan in Aspik

500 gr Seitan
1/2 Packung Agar-Agar Flocken
1 l Wasser
2 EL Tamari
1 TL frischer Ingwersaft (Ingwer reiben und den Saft auspressen)

Den Seitan in feine Würfel schneiden und mit dem Wasser zum Kochen bringen. Die Agar- Agar Flocken einrühren und Tamari und Ingwersaft dazugeben. 5- 7 Minuten aufkochen lassen, dann in eine ausgespülte Form füllen. Nach dem Erkalten stürzen und in Scheiben schneiden. Das Aspik schmeckt sehr gut, wenn man es mit etwas Vollreisessig, Mirin, Olivenöl und feingehackter Zwiebel serviert.

Tempeh- Spießchen

4 Scheiben Tempeh
1 Salatgurke
1 rote Paprikaschote

Das Tempeh in kleine Würfel schneiden und in heißem Sonnenblumenöl fritieren. Abwechselnd ein Stück Tempeh, ein Stück Paprika und eine Gurkenscheibe auf Spießchen stecken.

Fritierte Selleriescheiben

1 Sellerieknolle
1 Tasse Vollweizenmehl
etwas Meersalz, 1 Tasse Vollkornpaniermehl
Sonnenblumenöl zum Fritieren

Die Sellerieknolle waschen, schälen und in Scheiben schneiden. In Salzwasser halbweich kochen. Aus dem Vollweizenmehl, Meersalz und Wasser einen dünnflüssigen Teig zubereiten und die Selleriescheiben darin eintauchen. Dann im Paniermehl wenden und im heißen Sonnenblumenöl schwimmend ausbacken. Mit einer Zitronenscheibe und etwas Tofunaise (siehe S. 45) servieren.

Polentaschnitten

2 Tassen Maisgrieß (Polenta)
4 Tassen Wasser, etwas Meersalz

Das Wasser mit dem Meersalz zum Kochen bringen, den Maisgrieß einrühren. Auf kleiner Flamme 15 Minuten kochen lassen, dann in eine ausgespülte Kastenform füllen. Nach dem Erkalten in Scheiben schneiden und in heißem Sonnenblumenöl knusprig fritieren. Mit Tamari beträufeln.
Um das Tamari und Shoyu in kleinen Tropfen zum Beträufeln verwenden zu können, gibt es praktische Ausgießfläschchen aus Japan.

Reisdreiecke mit Nori

Gekochten Vollkornreis mit feuchten Händen zu Dreiecken formen. Dazu knetet man zuerst mit den Handflächen einen Ball und drückt diesen dann in Form. In die Mitte des Dreiecks drückt man ein kleines Stück Umeboshi. Ein Noriblatt über offener Flamme auf einer Seite kurz rösten, dann diagonal durchschneiden. Auf jede Algenhälfte ein Reisdreieck legen und damit einwickeln. Die Enden der Norialge befeuchten und ankleben. Dies ist ein guter und haltbarer Reiseproviant.

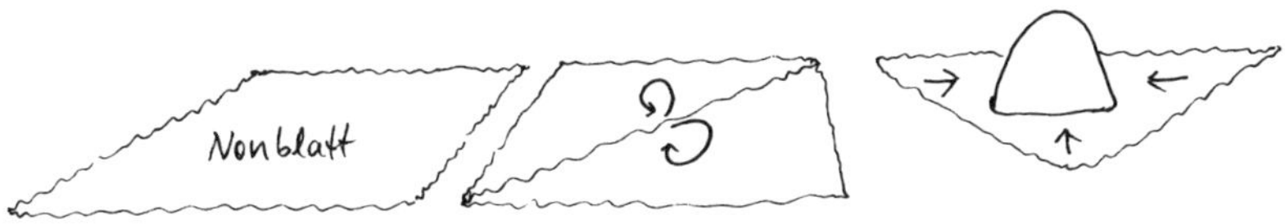

Sehr gut schmecken diese Reisdreiecke auch, wenn man sie anstelle in Nori zu wickeln, in knusprigem Sesam (siehe S. 87) wälzt.

Chinesische Frühlingsrollen

Ein etwas aufwendiges, aber sehr köstliches Rezept !

1/2 Packung Bohnenglasnudeln
2 Stück Seitan
3 Shiitake-Pilze
3 Karotten
1 kleine Stange Lauch
1 Tasse Vollweizenmehl
etwas Meersalz, 2 EL Sonnenblumenöl

Aus dem Vollweizenmehl, Meersalz, Öl und etwas Wasser einen dünnflüssigen Pfannkuchenteig anrühren. Eine Pfanne mit Sonnenblumenöl ausreiben und dünne Pfannkuchen ausbacken. Die Bohnenglasnudeln in kochendes Wasser geben und ungefähr 10 Minuten kochen. Dann abseihen und kalt abspülen. Ebenfalls die Shiitake-

Pilze für 10 Minuten in etwas Wasser weichkochen. Die Stiele weggeben (nicht zum Genuß geeignet) und die Hüte in feine Streifen schneiden.
Den Seitan fein schneiden und in Sonnenblumenöl knusprig fritieren (soviel Öl nehmen, daß der Seitan schwimmt).Die feingeschnittenen Karotten in etwas Sesamöl anbraten, den feingeschnittenen Lauch und die gekochten Shiitake- Pilze dazugeben und mitrösten. Mit etwas Wasser und 1 TL Tamari aufgießen und weichdünsten. Danach das Gemüse mit den Nudeln vermischen, die Pfannkuchen mit der Fülle belegen, zusammenrollen und mit Zahnstochern feststecken. In heißem Sonnenblumenöl fritieren, mit Tamari beträufeln.

Haferflockenbratlinge

1 Tasse Haferflocken
1 1/2 Tassen Wasser oder Kombubrühe
1/2 Sellerieknolle
1 Zwiebel, feingehackt
etwas Meersalz
weißer Pfeffer
1 El Tamari
Vollkornbrösel
etwas Sesamöl

Die Haferflocken mit dem Wasser oder der Kombubrühe aufgießen und eine Stunde quellen lassen. Dann die Sellerieknolle waschen, schälen und dazu reiben. Ebenso die Zwiebel untermischen und die Gewürze. Mit den Vollkornbröseln binden und kleine Bratlinge formen. In einer Pfanne mit etwas Sesamöl auf beiden Seiten knusprig anbraten.

Gefüllte Zwiebeln

4 kleine Zwiebeln
1/2 Tasse Haferflocken
1/4 Sellerieknolle
etwas Meersalz, weißer Pfeffer, 1 TL Tamari
Vollkornbrösel

Die Zwiebeln schälen, halbieren und aushöhlen. Das Zwiebelinnere feinhacken. Die Zwiebelhälften in einen Topf mit wenig Wasser geben und kurz weichdünsten lassen. Auf ein geöltes Backblech geben und mit derselben Masse wie bei den Haferflockenbratlingen füllen (siehe S. 64). Im Backofen bei 210 Grad 15 Minuten braten lassen. Mit einer Kuzu Zitronen-Sauce (siehe S. 41) servieren.

Gemüse- Piroggen

200 gr Vollweizenmehl
5 EL Sonnenblumenöl
je 150 gr Karotten, Sellerie und Lauch
etwas Meersalz
1 EL Curry
2 EL Shoyu

Das Vollweizenmehl mit dem Öl und Meersalz und etwas Wasser zu einem geschmeidigen Teig kneten. Eine Stunde kalt stellen. Das Gemüse waschen und fein schneiden. In heißem Sesamöl andünsten und mit etwas Kombubrühe oder Wasser aufgießen. Weitere 10 Minuten dünsten lassen, mit Curry, Shoyu und Meersalz würzen. Den Teig auf einem bemehlten Brett ausrollen und Kreise von 12 cm Durchmesser ausstechen. Das Gemüse darauf verteilen, den Teig übereinanderklappen und zusammendrücken. Mit einer Gabel den Rand einkerben. Im Backofen bei 200 Grad etwa 30 Minuten backen.

Süßreiskugeln

500 gr Süßreis
etwas Meersalz
250 gr Seitan

Den Süßreis zu feinem Mehl mahlen. 1 - 1 1/2 Tassen kochendes Salzwasser dazugeben und zu einem festen Teig verrühren. Den Seitan in kleine Würfel schneiden. Aus dem Teig kleine Kugeln formen, mit einem Stück Seitan füllen. Die Kugeln in einen Bambusdämpfer geben und 20 Minuten dämpfen. Mit Gomasio servieren.

Falscher Aal

350 gr Tofu
1 Zwiebel, feingehackt
1/2 Tasse Vollweizenmehl
Norialgenblätter
etwas Tamari

Den Tofu mit einer Gabel zerdrücken und mit der Zwiebel, dem Vollweizenmehl und dem Tamari vermischen. Die Norialgenblätter auf einer Seite über offener Flamme rösten und dann in 6 Stücke teilen. Jedes Stück mit der Tofumischung 1 cm dick bestreichen. In heißem Sonnenblumenöl mit der Noriseite nach unten schwimmend ausbacken. Mit Tamari beträufeln.

Lotoswurzelbällchen

1 Tasse frische oder getrocknete Lotoswurzeln
1 Streifen Kombualge, 1/2 Tasse feingehackte Zwiebeln
etwas Meersalz, etwas Vollweizenmehl

Die Lotoswurzeln über Nacht mit der Kombualge einweichen. Dann im Einweichwasser ungefähr 40 Minuten weichkochen. Die Lotoswurzeln fein reiben und mit den Zwiebeln, Meersalz und Vollweizenmehl zu einer festen Masse vermischen. Diese zu kleinen Bällchen formen und in heißem Sonenblumenöl fritieren. Das Kochwasser der Lotoswurzeln kann als Tee getrunken werden.

Tofuschnitzel

350 gr Tofu
1 Tasse Vollweizenmehl, etwas Vollkornpaniermehl
etwas Gerstenmiso, etwas Meersalz

Den Tofu in Scheiben schneiden. Je zwei Stück mit Miso füllen und in den dünnflüssigen Teig aus Vollweizenmehl, Meersalz und Wasser eintauchen. Im Paniermehl wenden und in heißem Sonnenblumenöl fritieren.

Kichererbsenküchlein

1 Tasse Kichererbsen
1 Streifen Kombualge
1 Tasse Vollweizenmehl
etwas Meersalz

Die Kichererbsen waschen und über Nacht einweichen. Dann im

Einweichwasser ungefähr 1 Std. im normalen Topf oder 30 Minuten im Drucktopf weichkochen. Einen dickflüssigen Teig aus Vollweizenmehl, Meersalz und Wasser bereiten und die gekochten Kichererbsen dazugeben. Mit einem Löffel kleine Häufchen davon in heißes Sonnenblumenöl geben und schwimmend ausbacken.

Enchiladas

250 gr Maisgrieß, 70 gr Buchweizenmehl
1/2 l lauwarmes Wasser, 1/2 TL Meersalz
100 gr Pflanzenmargarine
200 gr Zwiebeln, 100 gr rote Paprikaschoten
100 gr grüne Paprikaschoten, 100 gr Seitan, etwas Tamari

Aus dem Maisgrieß, Buchweizenmehl, Meersalz und Wasser einen Teig kneten und eine Stunde ruhen lassen. Dann in einer mit Sonnenblumenöl bestrichenen Pfanne Pfannkuchen ausbacken. Das Gemüse waschen und fein schneiden, den Seitan in Würfel schneiden. In einer Pfanne mit etwas Sesamöl das Gemüse und den Seitan anbraten, mit etwas Wasser aufgießen und weichdünsten lassen. Mit etwas Tamari würzen und dann die Pfannkuchen mit der Gemüsefüllung belegen. Zusammengeklappt auf ein geöltes Backblech geben und im Backofen 15 Minuten bei 180 Grad backen.

Süßkartoffelpuffer

1 kg Süßkartoffeln
50 gr Vollweizenmehl
1 TL Meersalz, 1 kleine Zwiebel

Die Süßkartoffeln waschen, schälen und fein reiben. Mit dem Meersalz, Vollweizenmehl, der feingehackten Zwiebel und etwas Wasser zu einem dicken Brei rühren. Einen Eßlöffel davon abstechen, etwas breit drücken und in heißes Sonnenblumenöl geben. Knusprig fritieren und mit Tamari beträufeln.

Krautstrudel

Strudelteig: 500 gr feines Vollweizenmehl
3 EL Sonnenblumenöl
1/4 l Wasser, etwas Meersalz

Die Zutaten zu einem geschmeidigen Teig kneten und zugedeckt eine Stunde ruhen lassen.

Füllung: *1 Weißkohlkopf, 250 gr Seitan*
etwas Kümmel, etwas Tamari, etwas Sesamöl

Den Weißkohl waschen und ganz fein schneiden. In Sesamöl anbraten, mit etwas Wasser aufgießen und weichdünsten. Den Seitan in Würfel schneiden und in heißem Sonnenblumenöl knusprig fritieren. Die Seitanwürfel unter den Weißkohl mischen und mit Kümmel und Tamari würzen. Den Strudelteig auf einem bemehlten Tuch ausrollen, mit der Weißkohlmasse füllen und mit Hilfe des Tuches zusammenrollen. Bei 210 Grad 30 Minuten backen.

Süßkürbisstrudel

Einen Strudelteig wie für Krautstrudel (siehe S. 69) bereiten.

Füllung: *1 Süßkürbis (Hokkaido-Kürbis), 2 Zwiebeln*
etwas Tamari, etwas Sesamöl

Die Zwiebeln fein schneiden und im Sesamöl anbraten. Den Kürbis

waschen, entkernen und mit der Schale in Würfel schneiden.
Zu den Zwiebeln geben, kurz miträsten, dann mit etwas Wasser aufgießen und ungefähr 25 Minuten weichdünsten lassen. Dann mit Tamari würzen.
Den Strudelteig auf einem bemehlten Tuch ausrollen, mit der Kürbisfüllung belegen und mit Hilfe des Tuches zusammenrollen. Auf ein geöltes Backblech geben und bei 210 Grad 30 Minuten backen.

Gefüllte Windbeutel

Brandteig: *150 gr feines Vollweizenmehl*
80 gr Pflanzenmargarine, etwas Meersalz, 1/4 l Wasser
Füllung: *Tofu- Liptauer (Siehe S. 43)*

Das Wasser mit der Pflanzenmargarine und dem Meersalz zum Kochen bringen. Das Vollkornmehl einrühren. Bei schwacher Hitze weiterrühren, bis sich der Teigkloß vom Kochtopfboden löst. Den Teig in eine Schüssel geben und auskühlen lassen.
Den Brandteig in einen Spritzsack füllen und kleine Teighäufchen auf ein geöltes Backblech setzen. Diese 15 Minuten bei 210 Grad backen. Dann noch warm aufschneiden und mit Tofu-Liptauer füllen. Den Deckel wieder aufsetzen.

Zwiebelkuchen

175 gr Vollweizenmehl, 5 EL Wasser
75 gr Pflanzenmargarine, etwas Meersalz
Füllung: *500 gr Zwiebeln, 400 gr Tofu,*
etwas Pfeffer, etwas Sesamöl, 2 EL Vollweizenmehl

Aus dem Vollweizenmehl, Meersalz, Wasser und Pflanzenmargarine einen Teig kneten. Diesen in eine geölte Springform geben und den Teig am Rand hochziehen. Bei 200 Grad für 15 Minuten vorbacken. Inzwischen die Zwiebeln fein schneiden und in etwas Sesamöl dünsten. Den Tofu zerdrücken und zu den Zwiebeln mischen. Mit Tamari und etwas Pfeffer würzen und mit dem Mehl binden. In die Springform füllen und bei 200 Grad 30 Minuten weiterbacken.

Seitanhörnchen

Blätterteig: *500 gr feines Vollweizenmehl*
500gr Pflanzenmargarine
1/4 l Wasser
etwas Meersalz

Die Margarine mit 1/4 des Mehles vermischen, einen Ziegel formen und in den Kühlschrank geben. Die restlichen Zutaten zu einem glatten Teig verarbeiten, in ein feuchtes Tuch wickeln und für ebenfalls 30 Minuten kalt stellen. Danach den Teig ausrollen, den Margarineziegel in den Teig einschlagen, flach klopfen, leicht bemehlen und vorsichtig ausrollen. Dann dreiteilig zusammenlegen und 30 Minuten kalt stellen. Den Teig wieder bemehlen, ausrollen und vierteilig zusammenlegen. Weitere 30 Minuten rasten lassen.

Füllung: *500 gr Seitan*
2 Zwiebeln
etwas Sesamöl
etwas Tamari

Die Zwiebeln fein schneiden und im Sesamöl anrösten. Den Seitan in feine Würfel schneiden und zu den Zwiebeln geben. 5 Minuten mitrösten, mit etwas Wasser und Tamari aufgießen und ungefähr 10 Minuten dünsten lassen.

Den Blätterteig ausrollen, in Quadrate schneiden, diese mit der Seitanfüllung belegen und zu Hörnchen zusammenschlagen.
Auf ein geöltes Blech geben und bei 200 Grad für 2 Minuten backen.

Zusammenlegen von Blätterteig:

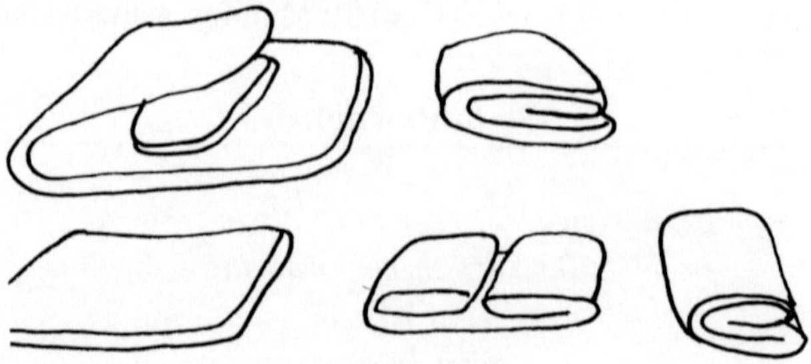

Soba- Sushi

2 Päckchen Soba-Nudeln
5 Blatt Nori
1 Tasse fritierten Tofu, in Streifen geschnitten
etwas Blattspinat oder Mangold, 2 Minuten gekocht

Soba in kochendes Salzwasser geben. Wenn das Wasser anfängt überzukochen, mit 1 Tasse kaltem Wasser aufgießen. Ein bis zweimal wiederholen und weiterkochen, bis die Nudeln gar sind. Unter fließendem Wasser abspülen. Soba auf einem trockenen Tuch auflegen und vorsichtig trocken reiben.
Die Noriblätter auf einer Seite über einer Flamme rösten und mit der ungerösteten Seite nach oben auf eine Sushimatte (Matte aus Bambus) legen. Die Nudeln darauf ausbreiten, einen Streifen von 2 cm am Rand freilassen. Einige Tofustreifen und etwas vom Spinat in die Mitte der Nudeln legen. Mit der Sushimatte aufrollen, den freien Rand mit Wasser befeuchten und anpressen. Die Rolle in 3 cm breite Streifen schneiden. Mit etwas Umeboshipaste servieren.

Clowngesichter (S. 83)

Gemüseaspik (S.76)

Gurkenkörbchen (S. 81)

Blätterteigknabberei (S. 82)

Norimaki (japanische Sushirollen)

In Japan gibt es einige Sushibars, wo man unter einer riesigen Anzahl dieser kleinen Happen wählen kann. Meist werden sie noch mit rohem Fisch belegt.

2 Tassen Essigreis (Shari)
6 Shiitake-Pilze (über Nacht eingeweicht)
frische Kresse
2 Blätter Nori, auf einer Seite geröstet, etwas Shoyu

Zubereitung von Essigreis:

2 Tassen Vollkornreis waschen und mit 4 Tassen Wasser und etwas Meersalz im Drucktopf weichkochen (ungefähr 40 Minuten).
Dann sofort mit einer Mischung aus 4 EL Vollreisessig, 2 EL Mirin und 1/2 TL Meersalz mischen. Vorsichtig mit einem Reislöffel lokkern, sodaß der Reis abkühlt. Den Essigreis am besten innerhalb von einer Stunde verarbeiten.

Von den Shiitake-Pilzen die Stengel entfernen und wegwerfen. Die Hüte in feine Streifen schneiden und 10 Minuten kochen. Mit 4 EL Shoyu würzen. Die Kresse in kochendem Salzwasser blanchieren. Ein trockenes Tuch auf eine Sushimatte (kleine Matte aus Bambus) geben und ein Noriblatt mit der ungerösteten Seite nach oben darauflegen. Essigreis 1 cm dick darauf verteilen und einen Rand von 2 cm freilassen. Etwas Kresse und etwas von den Pilzen in die Mitte geben und dann mit Hilfe der Sushimatte aufrollen. Den freien Rand mit Wasser befeuchten und ankleben. In 3 cm große Stücke schneiden und mit etwas Wasabi und gehackten Shisoblättern servieren.
Als Abwandlung kann man die Sushi noch mit frischer Salatgurke, Rettichpickles oder fritiertem Tofu füllen.

Seitan- Hackbraten

500 gr Seitan
5 Scheiben Vollkorntoastbrot
3 Zwiebeln
etwas Shoyu
etwas weißer Pfeffer
1 Knoblauchzehe

Den Seitan zusammen mit dem Toastbrot durch den Fleischwolf drehen. Die Zwiebeln und die Knoblauchzehe fein hacken und unter den Seitan mischen. Mit Shoyu und Pfeffer würzen und zu einem Braten formen. Wenn die Masse zu locker ist, mit etwas Vollweizenmehl binden. Auf ein geöltes Backblech geben und bei 180 Grad 25 Minuten im Backrohr braten.

Gemüseaspik

3 Karotten
1/2 Blumenkohl
200 gr Tofu
100 gr Seitan
Petersiliengrün
etwas weißen Sesam
1/2 Packung Agar-Agar Flocken
3 EL Shoyu, 1 EL frischer Ingwersaft
1 EL Mirin, 1 l Wasser

Das Wasser zum Kochen bringen. Den Blumenkohl waschen und in Röschen teilen. Die Karotten waschen und in Blumenform schneiden. Beides in das Wasser geben. Tofu und Seitan in feine Würfel schneiden und leicht köcheln lassen. Den Sesam und die Petersilienblättchen daruntermischen und mit Shoyu, Ingwersaft und Mirin würzen. In eine ausgespülte Kastenform füllen und kalt stellen. Das Agar-Agar wird nach dem Erkalten fest wie Gelee. In 2 cm dicke Scheiben schneiden und servieren.

Eine andere Möglichkeit ist, die Masse in kleine Puddingförmchen zu füllen und nach dem Erkalten zu stürzen.

Seitan- Gulasch

500 gr Zwiebeln, gehackt
5 EL Sesamöl
etwas rotes Paprikapulver
etwas Meersalz
etwas Tamari
6 Stück Seitan, in Würfel geschnitten

Die Zwiebeln in Öl langsam glasig dünsten. Sie sollen nicht braun geröstet werden. Nach ungefähr 30- 40 Minuten etwas Paprikapulver zu den Zwiebeln geben und mit 1/2 l Wasser aufgießen. Den Seitan dazugeben und weitere 10 Minuten kochen. Dann mit Tamari und Meersalz würzen. Als Variante kann man anstelle von Seitan gekochte Bohnen nehmen, man erhält dann ein Bohnengulasch.

Mochi, fritiert

8 Stück Mochi
1 Noriblatt
3 El frisch geriebener weißer Rettich
Sonnenblumenöl zum Fritieren

Das Noriblatt in 2 cm breite Streifen schneiden. Die Mochistücke damit umwickeln, das Noriende mit Wasser befeuchten und ankleben. In heißem Sonnenblumenöl fritieren, mit Tamari beträufeln und mit dem Rettich servieren.

Mochi, gebraten

1 TL Sesamöl, 6 Stück Mochi

In einer Bratpfanne das Sesamöl erhitzen. Die Mochi darin auf beiden Seiten auf kleiner Flamme hellbraun braten, bis sie durch und durch weich sind. Mit Tamari beträufeln.

Hiziki mit Lotoswurzeln

200 gr Hiziki, 3 El Sesamöl
1/2 Tasse getr. Lotoswurzeln, über Nacht eingeweicht
etwas weißen Sesam, etwas Tamari

Hiziki sorgfältig waschen und 20 Minuten in kaltem Wasser (gerade bedeckt) einweichen. Die Algen abseihen (das Wasser aufheben) und in 2 cm große Stücke schneiden. Sesamöl in einem Topf oder Wok (Gußeisenpfanne) erhitzen und die Algen und Lotoswurzeln darin 5 Minuten anbraten. Mit dem Einweichwasser aufgießen und 40 Minuten kochen lassen. Danach mit Tamari würzen.

Teigtäschchen, fritiert

Gemüse-Piroggen (siehe S. 65) zubereiten.
Anstatt die Täschchen zu backen, gibt man sie in heißes Sonnenblumenöl und bäckt sie goldbraun knusprig aus.
Mit Tamari beträufeln und geriebenem Rettich servieren.

Marinierter Tofu

350 gr Tofu
1/2 Tasse Shoyu
1/2 Tasse Wasser
5 Gewürznelken
1 Streifen Kombu
1 Zimtstange
1 Lorbeerblatt
1 Scheibe frischer Ingwer

Den Tofu in Scheiben schneiden und mit den übrigen Zutaten 10 Minuten kochen. Dann über Nacht eingelegt stehen lassen. Den Tofu rausnehmen, auf ein geöltes Backblech geben und 10 Minuten bei 180 Grad grillen.

E) GARNIERVORSCHLÄGE, KNABBEREIEN UND WÜRZMITTEL

Tofublumen mit Wasabi

8 Stück getrockneter Tofu
Wasabi- Senfpulver
etwas Sesamöl

Die Tofustücke kurz in Wasser einweichen, ausdrücken und mit einem Ausstecher Blumen ausstechen. Dieses im Sesamöl kurz beidseitig anbraten. Das Wasabi-Senfpulver mit wenig Wasser anrühren. Auf jede Tofublume etwas vom grünen Senf in die Mitte geben.

Gurkenkörbchen

1 Salatgurke
schwarze Oliven
1 rote Paprikaschote

Die Gurke waschen, in 4 cm große Stücke schneiden. Körbchenförmig zuschneiden, mit Paprikastücken und schwarzen Oliven füllen.

Tofumargarite

250 gr Tofu
1 Karotte
etwas Lauch

Aus dem Tofu Margaritenblätter ausschneiden. Mit einer Karottenscheibe den Mittelpunkt der Blume gestalten. Die Tofublätter rundherum anordnen. Aus dem Lauch den Stiel und die Blätter formen.

Rettichblümchen

1 weißer Rettich
Sellerieblätter

Mit einem Ausstecher Blumen aus Rettichscheiben ausstechen. Mit gekochten Sellerieblättern die Blätter formen. Den Mittelpunkt der Rettichblume ausstechen.

Garnierte Rettichblumen

1 weißer Rettich, 1 grüne Paprikaschote
Tofu-Liptauer (siehe S. 43)

Aus Rettichscheiben Blumen ausstechen. Mit einer Tortenspritze Tofu-Liptauer auf jede Blume spritzen. Mit grünem Paprika garnieren.

Blätterteigknabberei

Einen Blätterteig zubereiten (siehe S. 71), diesen dünn ausrollen und verschiedene Formen wie Dreiecke, Quadrate, Kreise ausstechen. Mit Tamari bestreichen und abwechselnd mit Mohn, Sesam und Kümmel bestreuen. Auf ein geöltes Backblech geben und bei 230 Grad für 15 Minuten backen.
Diese Knabberei schmeckt am besten, wenn man sie ganz dünn bäckt.

Pikante Tamari-Crisps

1 Packung Tamari-Crisps (Cracker aus Vollreismehl)
Kräutertofu (siehe S. 43)
schwarze Oliven, 2 Karotten, Petersilie

Kräutertofu in eine Tortenspritze füllen und auf Tamari-Crisps Häufchen spritzen. Mit einem Crisp bedecken und dieses obenauf mit Kräutertofu verzieren. Mit schwarzen Oliven, Petersilie und Karottenblumen garnieren.

Clowngesichter

Vollkornbrot
Vitaquellmargarine
Petersilie
schwarzer Sesam
Karotten, Salatgurke

Aus dem Vollkornbrot Scheiben ausstechen und mit Margarine bestreichen. Aus den Zutaten Clowngesichter darauf setzen. Ein sehr beliebter Imbiss bei Kinderfesten.

Pikante Vollkornbrötchen

Vollkornbrot
Tofu-Liptauer (siehe S. 43)
Radieschen, Karotten

Vollkornbrot rund ausschneiden. Mit Tofu Liptauer eine Blume spritzen.(Tortenspritze oder Spritzsack).
Mit Radieschen- und Karottenblumen verzieren.

Kräutermandeln

400 gr geschälte Mandeln
2 EL Sonnenblumenöl
2 TL Meersalz
8 TL getrocknete gemischte Kräuter

Das Öl in eine Schüssel geben und die Mandeln darin gut durchschütteln. Das Meersalz und die Kräuter im Suribachi (Tonreibeschale) zerreiben und zu den Mandeln geben. Gut durchmischen und auf ein Backblech geben. 10-15 Minuten im Backrohr bei 200 Grad rösten. Auskühlen lassen und in ein Glas füllen. Die Mandeln halten sich ungefähr 2 Wochen.

Tempeh – Chips

Tempeh
Shoyu
Sonnenblumenöl zum Fritieren

Tempeh in sehr dünne Scheiben von 2 cm Durchmesser schneiden. In heißem Öl knusprig fritieren. Mit Shoyu beträufeln.

Gomasio (Sesam-Salz)

125 gr Sesamkörner
1 EL Meersalz

Das Meersalz in einer Pfanne unter ständigem Rühren trocken rösten, bis es gleichmäßig heiß ist. In den Suribachi (Tonreibeschale) geben, und mit dem Holzstößel zerreiben. Den Sesam in die Pfanne geben und 3-5 Minuten unter ständigem Rühren rösten. Zum Meersalz in den Suribachi geben und das Ganze fein zermahlen. In einem luftdichten Glas aufbewahren. Ein sehr schmackhaftes Würzmittel für Getreide- und Gemüsegerichte. Man bekommt es auch fertig zu kaufen.

Kümmelstangen

Einen Blätterteig (siehe S. 71) zubereiten. Den Teig ausrollen und in 8 cm lange und 2 cm breite Streifen schneiden. Jeden Streifen um sich selbst drehen, sodaß eine Spirale entsteht. Mit Kümmel bestreuen und im Backrohr bei 230 Grad für 25 Minuten backen.

Möhrensträußchen

Möhrenkraut
etwas Vollweizenmehl
etwas Meersalz
Wasser

Aus dem Vollweizenmehl, Wasser und Salz einen zähflüssigen Teig anrühren. Das Möhrenkraut zu Sträußchen zusammenfassen, in den Teig tauchen und in heißem Sonnenblumenöl knusprig fritieren.

Sesamgewürz mit Nori

1 Tasse Gomasio (siehe S. 84)
2 Blatt Norialge

Nori über offener Flamme auf einer Seite kurz rösten, bis es sich hellgrün färbt. Mit einer Schere in ganz feine Streifen schneiden und unter das Gomasio mischen.

Geröstetes Nori

Noriblätter über offener Flamme auf einer Seite rösten bis es sich hellgrün färbt. Mit einer Zackenschere in breitere Streifen schneiden.

Shiso-Gewürz

Shiso-Blätter enthalten einen Wirkstoff, welcher einer der stärksten natürlichen Konservierungsmittel ist.

Die Blätter gibt es milchsauer vergoren zu kaufen oder man nimmt die Blätter, die zusammen mit den Umeboshipflaumen eingelegt sind.

Die Shiso-Blätter auf ein Backblech geben und bei 210 Grad für 10 Minuten im Backrohr rösten. Wenn sie trocken sind, im Suribachi fein zerreiben. Dieses Gewürz schmeckt gut zu Getreidegerichten.

Kinako (geröstetes Sojabohnenmehl)

1 Tasse Sojabohnen

Die Sojabohnen in einem schweren Topf unter ständigem Rühren auf mittlerer Flamme 20 Minuten rösten. Danach in einer Mühle oder im Mixer zu feinem Mehl mahlen.

Dieses Mehl hat einen nußartigen Geschmack und eine helle, gelbliche Farbe. Man kann darin Getreidebällchen und Mochi wälzen oder Süßigkeiten damit herstellen (siehe *Das Makrobiotik- Dessertbuch*).

Kombuschleifen

1 gekochte Kombualge

Die Alge in 1 cm breite und 10 cm lange Streifen schneiden. Jeden Streifen mit sich selbst verknoten. Dies sieht hübsch als Garnierung für Gemüse aus.

Knuspriger Sesam

1 Tasse weißen Sesam
etwas Shoyu

Den Sesam in einer Pfanne unter ständigem Rühren auf kleiner Flamme rösten, bis er zu duften beginnt. Dann vom Feuer nehmen und mit dem Shoyu beträufeln. Gut daruntermischen. Dieses Gewürz schmeckt gut zu Getreide- und Nudelgerichten.

Statt mit Sesam kann man dasselbe auch mit Sonnenblumenkernen und Kürbiskernen machen.

Salzmandeln

1 Tasse geschälte Mandeln
1/2 TL Meersalz

Die Mandeln in einer Pfanne unter ständigem Rühren auf kleiner Flamme rösten, bis sie zu duften beginnen. Dann vom Feuer nehmen und das Meersalz gut unter die Mandeln mischen.

F) GETRÄNKE

Die hier angeführten Getränke sind nur für spezielle Anlässe gedacht. Als tägliches Getränk nach dem Essen eignet sich eine Tasse Banchatee ohne irgendwelche Zusätze am besten.
Jedoch bei Festen oder wenn man sich mal nach Abwechslung fühlt, kann man auch in den Getränken etwas variieren.

Jasmintee

1-2 EL Banchatee in 1/2 l kochendes Wasser geben und 5 Minuten kochen lassen. 1 EL Jasminblüten dazugeben und etwas ziehen lassen. Den Tee abseihen.

Rosentee

Dieselbe Zubereitung wie Jasmintee, nur mit getrockneten Rosenknospen.

Umeboshi-Getränk

1 l Wasser mit 2 Umeboshi eine Stunde kochen, dann abgießen und erkalten lassen. Schmeckt gekühlt serviert sehr erfrischend.

Zweigtee mit Umeboshi-Konzentrat

Dies ist ein gutes Getränk, wenn man sich abgespannt fühlt.

1-2 EL Zweigtee in 1/2 l kochendes Wasser geben und 5-10 Minuten kochen. Pro Tasse eine Messerspitze Umeboshi-Konzentrat nehmen, den Tee abseihen und aufgießen. Gut verrühren.

Chai

Dies ist ein sehr aromatischer, indischer Tee.

Banchablatt- oder Banchazweigtee zubereiten und etwas Kardamom mitkochen. Den Tee abseihen und mit Reismalz süßen. 1 Tasse Sojamilch dazugeben und weitere 5 Minuten kochen lassen.

Zweigtee mit Kamillenblüten

1-2 EL Zweigtee in 1/2 l kochendes Wasser geben und 5-10 Minuten kochen. 1 EL Kamillenblüten darin 5 Minuten ziehen lassen, dann den Tee abseihen.

Kuzu – Getränk

1 TL Kuzu, 1 Tasse Wasser
1 Umeboshi, entkernt und zerdrückt

Alles gut verrühren und aufkochen lassen. Unter ständigem Rühren auf kleiner Flamme 5-10 Minuten kochen.

Zitronentee

Einen Banchatee zubereiten und etwas fein gehackte Schale einer unbehandelten Zitrone dazugeben. 5 Minuten ziehen lassen, dann den Tee abseihen.

Yannoh "Orange"

Yannoh-Kaffee gibt es sowohl zum Kochen als auch als Instant-Pulver zum Anrühren.

Tofumargarite (S.81)

Eingelegter Tofu (S.27)

2 EL Yannoh-Kaffee in 1/2 l Wasser aufkochen und 10 Minuten auf kleiner Flamme ziehen lassen.
Beim Instant-Pulver nimmt man 1 TL Kaffee pro Tasse und gießt mit kochendem Wasser auf.
In jede Tasse gibt man dann einen EL Mirin und etwas fein gehackte Schale einer unbehandelten Orange. Oben darauf streut man eine Prise Zimtpulver.

Banchatee mit Apfelsaft

Einen Banchatee zubereiten und nach dem Abseihen mit naturtrübem Apfelsaft mischen.

Kawahtee

Dieser Tee stammt aus dem indischen Hochland Kaschmir.

In 1/2 l Wasser eine Zimtstange und 1 EL gehackte Mandeln und etwas Kardamom 5 Minuten kochen. Dann vom Feuer nehmen und 1 EL grünen Tee darin 3 Minuten ziehen lassen. Abseihen und sofort servieren.

Zum Unterschied von Bancha-Zweigtee soll Grüner Tee nicht kochen, sondern nur ziehen. Der Grüne Tee (Sencha) wird sonst bitter.

Joghurt aus Sojamilch

1 l Sojamilch, 1 Beutel Joghurt- Bio- Ferment

Die Sojamilch auf 45 Grad Celsius erhitzen, das Bio- Ferment einrühren und in Gläser füllen. Mit einem Deckel verschließen und für

12- 20 Stunden an einen warmen Ort stellen. Danach bis zum Verzehr im Kühlschrank aufbewahren. Jeweils 2- 3 EL vom selbstbereiteten Joghurt aufheben und für weitere Zubereitungen verwenden. Beim öfteren Ansetzen verkürzt sich dann die Reifezeit. Nach ungefähr 25 Anwendungen benötigt man einen neuen Beutel vom Joghurt- Ferment.

Agar-Agar Flocken: Geliermittel aus Meeresalgen
Arame: Braunalge, in feinen schwarzen Streifen mit mildem Geschmack
Azukibohnen: kleine, rote hochwertige Bohnen
Banchazweigtee: gerösteter, grüner Tee aus drei Jahre alten Zweigen des Teestrauchs, ungefärbt
Banchablattee: gerösteter, grüner Tee aus drei Jahre alten Blättern des Teestrauchs, ungefärbt
Bohnenglasnudeln: hergestellt aus dem Stärkemehl der grünen Mungbohnen
Gerstenmiso: hochwertige, salzige Paste aus fermentierten Sojabohnen und Gerste
Hiziki: schwarze, fadenartige Braunalge
Kombu: Braunalge, in harten Streifen
Kombupulver: Meeresalgenpulver zum Würzen von Suppen und Gemüsen
Kuzu: wertvolles Bindemittel, gewonnen aus der Kuzuwurzel
Lotossamen: Samen der Lotospflanze, zu verwenden wie Hülsenfrüchte
Lotoswurzeln: Wurzeln der Lotuspflanze, wird verwendet wie Gemüse
Mirin: süßer Vollreislikör; Kochsake genannt
Mochi: fester Kuchen aus gestampftem Süßreis
Nori: getrocknete Rotalge in papierdünnen Blättern
Perlgerste: Hato Mugi genannt, perlförmige Samen eines Wildgrases
Pfeilwurzelmehl (oder Arrowroot): Stärkemehl, gewonnen aus der Pfeilwurzel. Zum Binden von Suppen, Saucen und Cremes.
Rettichpickles: in Reiskleie und Salz eingelegter milchsauer vergorener Rettich (Takuan)
Sake: Reiswein mit 14-17 % Alkohol
Schwarzwurzeln: schmackhafte Gemüseart
Seitan: Weizengluten (Weizeneiweiß) in Shoyu gekocht
Shisoblätter: milchsauer vergorene purpurne Blätter des Büffelgrases (minzartige Pflanze aus Japan)
Shiitake-Pilz: asiatischer Baumpilz, auf Eichenstämmen gezogen
Shoyu: flüssiges Würzmittel aus fermentierten Sojabohnen und Vollweizen

Soba: japanische Buchweizennudeln
Süßkartoffel: Gemüseart aus Asien, nicht zu verwechseln mit der herkömmlichen Kartoffel
Süßkürbis: mehliger orangefarbener Kürbis, auch Hokkaido-Kürbis genannt
Süßreis: klebereiweißhaltige Reisart (Grundlage von Mochi)
Suribachi: Tonreibeschale für Samen und Gewürze
Tahin: Paste aus gemahlenem Sesam
Tamari: flüssiges Würzmittel aus fermentierten Sojabohnen
Tempeh: eiweißhaltige indonesische Spezialität aus fermentierten Sojabohnen
Tempura: in Teig fritierte Speisen
Tofu: quarkähnliches Produkt aus Sojabohnen
Tofu, getrocknet: in Schnee und Sonne gefriergetrockneter Tofu, dadurch sehr lange haltbar.
Umeboshi: milchsauer vergorene, in Salz eingelegte wilde Aprikosen
Umeboshi-Essig: bei der Gärung der Salzaprikosen entstehender Saft, als Würzmittel für Salate, Saucen und Aufstriche
Umeboshi-Konzentrat: stärkendes Extrakt der milchsauren Salzaprikosen
Umeboshipaste: entkernte und pürierte Salzaprikosen
Vollreisessig: milder Essig aus vergorenem Vollreis
Vollreismalz: aus gekeimtem Vollreis hergestelltes Süßmittel
Vollreismiso: hochwertige, salzige Paste aus fermentierten Sojabohnen und Vollreis
Vollweizen-Fu: getrocknetes, ungewürztes Klebereiweiß des Weizens
Wakame: Braunalge in langen Streifen
Wasabi: sehr scharfe grüne Paste ähnlich dem Meerrettich im Geschmack
Weißer Fungus: chinesischer Wildpilz
Yannoh: Getreidekaffee

Weitere Titel des OST-WEST-VERLAGES

Anna Wollner
112 Seiten, Pb.
24 Farbfotos
ISBN-3-930564-15-7

Lustvolles Genießen von Desserts aus aller Welt - und das vollwertig- und ohne Reue!!!
Schlank, leistungsfähig und gesund- dank 150 Rezepten für den Gaumenkitzel. Österreichs weltbekannte Back - und Dessertkunst hat eine vollwertige Vertreterin gefunden: Anna Wollner. Kalorienarm, cholesterinfrei lactosefrei, hefefrei, rein pflanzlich, leicht bekömmlich. Rezepte basierend auf Genuß und sinnvollen Gesundheitsregeln. Einmalig dieses „andere Dessertbuch“.
z.B. Florentiener, Zitronenkekse, Streuselkuchen, Mohnkuchen, Kirschstrudel, Windbeutel, Heidelbeeromelett, Germknödel, Carobtrüffel, Waldmeisterbowle, Ahornbonbons, Mokka-Eclair, Eistee, Kaiserschmarren, Pflaumenkonfekt. u.v.a.m.
Appetit bekommen ???

A.-M. und W. Fryer
88 Seiten
Zeichnungen u Tabelle
18 Zeichnungen
ISBN3-930564-19-X

Getreide
Lactosefreie Getreideküche
Milcheiweißfrei und geeignet für Allergiker. Energetische Wirkungen auf emotionales Gleichgewicht und Konzentrationsfähigkeit.Gerteide als Schönheitsmittel für Haut, Haare und Nägel. Einteilung der Gerichte in Frühstück-, Mittag- und Abendessen. Vitamin und Nährwert-Tabellen.

Rezeptbeispiele: Cous-Cous mit Erbsen, Maisbrot, Falscher Kartoffelbrei aus Hirse, Paella mit Naturreis, Pizza, Getreidesuppen, Norwegisches Fladenbrot, Teekuchen, Pastetenhülle, gefüllte Paprika, Reis-Kayu-Brot, Kasha mit Sesam und Zwiebelsoße, Capatis, Taboule, Reiskroketten, Sauerteigbrot u.v.a.m.

Weitere Titel des OST-WEST-VERLAGES

80 Seiten, Pb.
17 Zeichnungen
ISBN 9-930564-20-3

Hülsenfrüchte

Eiweißquelle für Sportler und Denker

Schnelle Zubereitung von pflanzlichem Eiweiß wie Tofu, Seitan, Tempeh, Linsen, Erbsen, Bohnen. Internationale Köstlichkeiten mit diesen wieder modern werdenden pflanzlichen Kraftspendern.

Rezeptbeispiele:

Gedämpfte Tofuröllchen Hirse-Seitan-Casserole, Schwarze Bohnen mit Mais, Gelbe Splittererbsensuppe, Tempeh mit Pilzsoße, Falafel mit Tahin-Dressing, Tofu-Mayonaise, Shis Kebab, Tempeh mit Arame, Sojamilchherstellung u.v.a.m.

72 Seiten, Pb.
19 Zeichnungen
ISBN-3-930564-21-1

Gemüse

Gemüsegenuß nach den 5 Elementen und Yin und Yang, lactosefrei

Energetische Wirkungen der Gemüsesorten. Schnitt-Techniken zum yinnisieren und yangisieren der Speisen. Stärkende und leckere Rezepte.

Brennesselsuppe, Frühlingszwiebeln in Miso-Dressing, Kohlrouladen mit Tempeh, Paniertes Gemüse, Lauchpastete mit Tofu, Radieschen in Kuzu-Soße, Zwiebelbutter, Gemüseaufstrich, Fritierte Klettenwurzelröllchen. u.v.m.a.

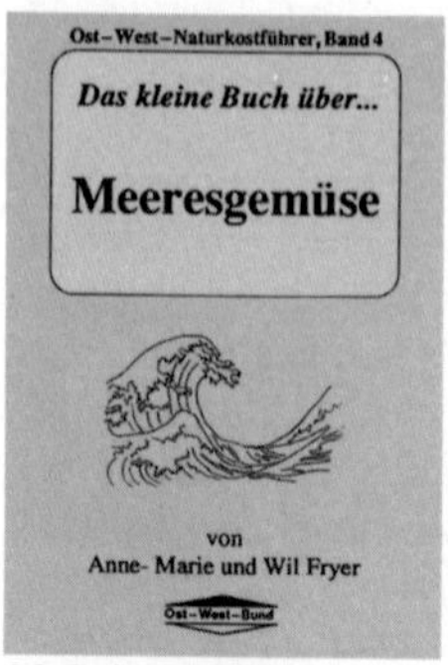

88 Seiten, Pb.
17 Zeichnungen
ISBN 3-930564-22-X

Meeresgemüse

Algen als Heilmittel für Körper, Geist und Seele. Algen lösen Cholesterin, Schleim und Fett im Körper auf, senken den Blutdruck, enthalten natürliche Antibiotika, können das Wachstum von Geschwulsten hemmen, sind stark entgiftend.

Rezeptbeispiele:

Dulse mit Gemüse, Gurken-Wakame-Salat, Hiziki mit fritiertem Tempeh, Kombu-Karottenröllchen, Nori-Zwiebelbutter, Kombupulver, Arame mit Mais, Crepes mit Linsen und Wakame u.v.a.m.

Weitere Titel des OST-WEST-VERLAGES

80 Seiten, Pb.
16 Zeichnungen
ISBN-3-930564-23-8

Teigwaren,Fisch,und Salat
Erhaltung des Gleichgewichts von Wasser und Salz im Blut und anderen Körperflüssigkeiten. Kombinationen von Rohkost, Eiweiß und Kohlenhydraten nach Yin und Yang. Nährwerttabelle zu Eiweiß, Vitaminen Minaralstoffen, Na. Ca,K.
Rezeptbeispiele:
Lasagne, Soba-Nudeln mit Tempura, Spaghetti mit Soße, Nudel-Fondue, Hiziki-Nudelsalat, Fritierte Nudeln, Nori-Rollen mit Udon, 13 Rezepte für leckere Dressings, Gebratene Nudeln mit Meeresfrüchten u.v.a.m.

88 Seiten, Pb.
22 Zeichnungen
ISBN-3-930564-24-6

Japanische Spezialitäten
nach den Regeln von Yin und Yang
Trad. hergestellte Naturkost Spezialitäten mit großen Heilkräften. Ausgewogenes Kochen nach den 5 Elementen, Farbwirkungen, Geschmacksrichtungen, Makrobiotische Würzmittel, Kochausrüstung.
Rezeptbeispiele:
Shiitake-Brühe, Tororo-Kombu-Suppe, Endivien mit Natto-Miso, Grüne Röllchen mit Shiso-Blättern, japanisch gebratenes Gemüse, Reis mit Perlgerste, Fu mit Gemüse, Warme Mochis, Shiso-Nori-Gewürz, Marinierter gegrillter Fisch in Sake

80 Seiten, Pb.
15 Zeichnungen
ISBN-3-930564-26-2

Salz-Miso-Shoyu
Traditionelles Miso-ein Geschenk der Götter. Ein unersetzbares Heilmittel der fernöstlichen Medizin. Miso, Tamari, Shoyu regulieren über den Na-Gehalt das Nervensystem, stabilisieren den Puls, und Muskelkontraktion. Miso senkt Blutdruck, löst Cholesterin, entgiftet, fördert die Blutbildung, ist basisch und wirkt vorbeugend gegen Krebs Rezepte: Miso-Suppe mit gebratenem Gemüse, Marinierter Fisch, Hausgemachtes Gomasio, Ume-Sho-Bancha-Trunk, Walnuß-Miso-Aufstrich, marinierter Salat, Shoyu-Brühe u.v.a.m.

Weitere Titel des OST-WEST-VERLAGES

72 Seiten, Pb.
19 Zeichnungen
ISBN-3-930564-26-2

Süßmittel

Süßen mit Getreidemalz - die echte Alternative für die gesunde Küche.
Yin und Yang-Einteilung von Reismalz, Ahornsyrup,Weizensyrup, Amasake etc. Backen ohne Zucker und Honig..Ausführliche Erläuterung der Süßmittel mit Nährwert-Tabelle

Rezeptbeispiele:

Ahornsyrup-Plätzchen, Süßreiskekse, Gefüllte Mochi, Nougat, Mandelmilch, Vanillecreme, Erdbeersoße, Tofucreme, Kürbistorte, Marmorkuchen, Mokka-Parfait, Pfannkuchen, Glasierte Birnen, Aprikosen-Cous-Cous-Kuchen u.v.a.m.

70 Seiten, Pb.
17 Abbildungen
ISBN-3-930564-27-0

Pickles und Tischgewürze

Milchsaure Gemüsepickles und makrobiotische Gewürze nach den 5 Elementen - die unscheinbaren Heilmittel für den Stoffwechsel. Schutz vor gefährlichen Mikroben, Hefepilzen und Bakterien. Darmflora-stärkend, Nervenberuhigend, Immunstärkend, Tekka für Herzkräftigung.

Rezeptbeispiele:

Milchsaure Rote Beete, Frische Karotten-Pickles, Dänische Gurkenpickles, Ume-gesäuerter Chinakohl, Schalottenpickles, Salzheringe, Nori-Gewürz, Tekka-Miso, Wakame-Gewürz, Fünf-Aromen-Gewürz.

Ost-West-Naturkostführer, Band 9
Das kleine Buch über...
Pickles und Tischgewürze
von
Anne- Marie und Wil Fryer
Ost-West-Bund

70 Seiten, Pb.
17 Abbildungen
ISBN-3-930564-27-0

Pickles und Tischgewürze

Milchsaure Gemüsepickles und makrobiotische Gewürze nach den 5 Elementen - die unscheinbaren Heilmittel für den Stoffwechsel. Schutz vor gefährlichen Mikroben, Hefepilzen und Bakterien. Darmflora-stärkend, Nervenberuhigend, Immunstärkend, Tekka für Herzkräftigung.

Rezeptbeispiele:

Milchsaure Rote Beete, Frische Karotten-Pickles, Dänische Gurkenpickles, Ume-gesäuerter Chinakohl, Schalottenpickles, Salzheringe, Nori-Gewürz, Tekka-Miso, Wakame-Gewürz, Fünf-Aromen-Gewürz.

Weitere Titel des OST-WEST-VERLAGES

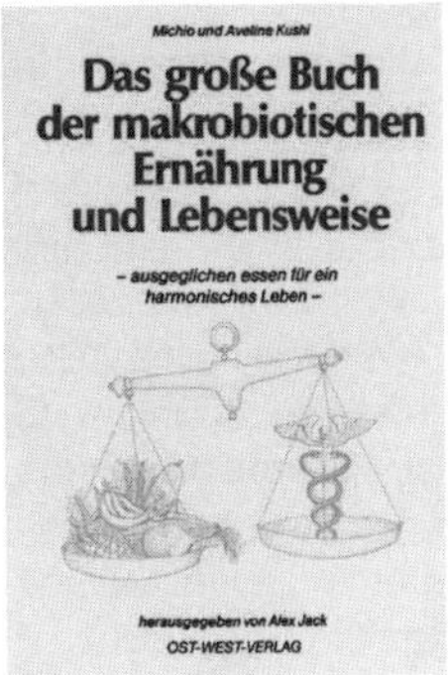

A. und M. Kushi
333 Seiten
61 Abb., 24 Tb., Pb
ISBN-3-930564-04-1

Die Essenz der makrobiotischen Lehre:
Der Klassiker
Über 40 Jahre Lebens- und Lehrerfahrung von den beiden bekanntesten Meistern der Makrobiotik sind in dieses Werk eingeflossen. Genaue Beschreibung der Wirkungsweisen der einzelnen Lebensmittel. Zusammenhänge werden klar, und es entsteht im Leser/in ein tiefes Verständnis von Yin und Yang, dem energetischen Muster das in allem lebt. Soziale, wirtschaftliche und spirituelle Betrachtung eines Natur-Lebensstils, der zur Heilung von Körper, Geist und Seele führen kann. Es wird klar, Makrobiotik ist nicht nur etwas für bereits erkrankte Menschen, sondern natürlich auch für die Gesundheitsbewußten unter uns.

A. Kushi und A. Jack
414 Seiten, Pb.
ISBN-3-930-564-07-6

Basiskochbuch nach den Regeln von Yin und Yang und den Fünf Elementen
Gesundheit und Genuß vereint in einem Werk der Meisterklasse. Frau Kushi ist weltweit die bekannteste Kochlehrerin für traditionelle Yin und Yang Küche. In Ihren Rezepten spiegeln sich Ihre vielen Reisen in alle Kontinente wieder, die zu einer unglaublichen Vielfalt in der Anwendung des makrobiotischen Kochstiles führte. Das ganze Werk ist durchwebt von ihrem hohen Respekt vor dem Weg der Heilung durch Nahrung. Kochen nach den Jahreszeiten, Backen, Heilkochen und viele leckere Rezepte für alle Anlässe bieten dem Leser/in ein angenehmes Arbeiten und fördern das Wachsen der eigenen Intuition. Wahre Gesundheit, Zufriedenheit und Harmonie für die ganze Familie ist das Ziel...